낡은 패러다임은 과학혁명을 통해서
새로운 패러다임으로 대체된다.

- T.S. Kuhn -

4차산업혁명시대 인공지능 융합교육법

우리 아이 AI

초판 1쇄 인쇄	2020년 2월 22일
초판 1쇄 발행	2020년 3월 02일
기획	변문경
저자	박찬, 김병석, 전수연, 전은경, 홍수빈, 진성임, 문혜진, 김성빈, 정선재,
	강윤진, 변문경, 권해연(Quan Haiyan) , 박서희, 이정훈
디자인	이시은 (디자인 다인)
펴낸곳	다빈치 books
등록일	2011년 10월 6일
주소	서울특별시 마포구 월드컵북로 1654
팩스	0504-393-5042
콘텐츠 관련 문의	steamnmaker@gmail.com

ISBN 979-11-86742-77-8

4차산업혁명시대 인공지능 융합교육법

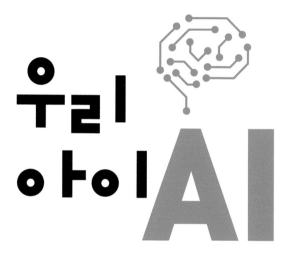

우리 아이 AI

박찬, 김병석, 전수연, 전은경, 홍수빈, 진성임, 문혜진,

김성빈, 정선재, 강윤진, 변문경, 권해연, 박서희, 이정훈

다빈치 books

2016년 알파고와의 대국으로 인공지능의 시대가 시작되었음을 우리에게 깨닫게 해준 이세돌은 2019년 은퇴를 발표했습니다. 그는 인터뷰에서 알파고에게 패배한 것이 은퇴를 결심하게 된 결정적인 이유라고 밝히기도 했습니다. 인공지능은 인간이 하던 많은 일을 대체하기 시작했고, 인간의 능력을 뛰어넘는 분야도 하나 둘 늘고 있습니다.

도대체 인공지능이란 무엇인가요? 2019년 11월 우리나라 정부는 인공지능 국가전략을 발표했고, 교육부에서는 인공지능 교육을 전 학년으로 확대하고 SW에 인공지능을 융합한 교육을 추진하겠다고 밝혔습니다. 인공지능 국가전략에서 정의한 인공지능은 다음과 같습니다.

인공지능(AI : Artificial Intelligence)이란?

인간의 지적능력을 컴퓨터로 구현하는 과학기술로서, 상황을 인지하고, 이성적·논리적으로 판단 행동하며 감성적·창의적인 기능을 수행하는 능력까지 포함

인공지능이란 인간의 지적능력을 컴퓨터로 구현하는 과학기술로서, ①상황을 인지하고, ②이성적·논리적으로 판단·행동하며, ③감성적·창의적인 기능을 수행하는 능력까지 포함하는 기술입니다.

인공지능은 얼굴인식, 음성인식, 번역, 길찾기, 챗봇 등의 기술로 이미 우리 생활속에 함께하고 있습니다. 뿐만 아니라 빅데이터를 활용하여 딥러닝하며 실시간으로 진화하고 있습니다. 인공지능은 단순한 기술적 차원을 넘어 인문사회 등 모든 영역에 걸친 패러다임의 전환을 일으키고 있습니다. 이것이 인공지능 교육이 필요한 이유입니다. 토마스 쿤에 의하면 패러다임은 과학자 집단에게 탐구할 문제 뿐만 아니라 그것을 해결하는 방식까지 제공합니다. 학자들은 기존의 패러다임으로는 문제 해결이 불가능할 때 대안을 모색하며, 발견한 대안이 문제 해결에 적절하면 '패러다임 전환'이 일어납니다. 이제 기존 산업이나 기술에 인공지능을 접목하여 불가능하던 문제해결을 가능하게 하는 패러다임의 전환은 선택이 아닌 필수가 되었습니다. 때문에 인공지능 전문 인재를 확보하고 양성하는 일은 각 나라가 가진 시급한 과제가 되었습니다. 우리나라도 인공지능 교과서를 개발하고, 교육 혁신을 위한 노력에 박차를 가하기 시작했습니다.

이러한 시기에 우리 학부모, 교사와 교육 연구자들은 인공지능을 생활 곳곳에서 발견하고, 인공지능을 활용하여 해결할 수 있는 문제를 찾아 우리 아이와 함께 인공지능에 익숙해질 필요가 있습니다. 새로운 시대 인공지능 인재 양성의 시작은 우리 생활속에서 충분히 가능하기 때문이며 이미 오픈소스들은 우리의 스마트폰 안에 있습니다. 본 책을 통해서 우리 가정과 학교에서 실행 가능한 인공지능 도구들을 살펴보고 직접 활용하며, 인공지능이 가져 올 사회 변화를 다소나마 이해하고 인공지능에 친숙해지는 기회가 되기를 진심으로 바랍니다.

기획자 **변문경**

Contents

교실 속 AI

우리 아이 AI

2020년 신종코로나바이러스로 인한 '코로나바이러스감염증-19' 확산을 처음으로 경고한 곳은 세계보건기구(WHO)가 아니라 캐나다의 인공지능기반 건강 모니터링 플랫폼 블루닷(BlueDot)입니다. 인공지능 블루닷이 전문가들보다 더 먼저 코로나19의 위험성을 인식하고 경고한 것입니다. 이렇게 놀라운 일을 해내고 있는 인공지능(Artificial Intelligence:AI)은 최근에 개발된 것이 아닙니다. 1956년 다트머스 컨퍼런스에서 존 매카시는 인공지능이라는 용어를 제안하였고, 이후 인공지능은 두번의 봄과 같은 부흥의 시대와 두번의 겨울과 같은 한계와 실망의 시간을 겪었습니다. 지금 인공지능은 딥러닝과 빅데이터, 클라우드 등의 컴퓨팅 파워로 세번째 봄의 전성기를 맞이하고 있습니다.

인공지능은 인간의 일상, 경제, 일자리, 문화, 언론 등의 분야에 적용되어, 인며 이상의 능력을 발휘하며 많은 문제를 해결하는 데 활용되고 있습니다. 세계는 인공지능의 능력에 열광하게 되었고 앞다투어 인공지능 개발에 박차를 가하고 있습니다. 우리나라도 2019.12.17. 인공지능 국가전략를 발표하면서 "IT 강국을 넘어 AI 강국으로!"라는 슬로건을 내세우며, AI 반도체 세계 1위, AI를 통해 삶의 질 세계 10위 도약을 목표로 삼았습니다. 이를 위해 전 생애, 모든 직군에 걸친 AI교육 실시 및 세계 최고의 AI인재 양성을 추진할 것을 선언하였습니다.

그렇다면 실제로 학교와 가정에서 우리 아이들에게 인공지능 교육은 어떻게 해야될까요? 그 질문에 대해 해답을 찾는 일이 우리에게 남았습니다. 이미 사회에서는 인공지능 교육에 대한 수많은 이야기가 떠돌고 빨리 추진해야만 한다는 목소리가 들리는데, 정작 선생님들과 부모님들은 인공지능 교육을 어떻게 해야할지 걱정만 커져갑니다. 인공지능 교육 방향성에 대한 정의가 정립되어있지 않기 때문입니다.

교사로서 학부모로써 답답한 마음에 연구회 선생님들과 함께 스터디를 하고, 조사한 자료를 정리하다가, 더 많은 교사, 학부모들과 자료를 공유하고 싶은 마음에 이 책을 기획하게 되었습니다.

이 책의 독자분들도 쉽고 재미있는 인공지능 학습 도구들을 함께 경험해 보셨으면 좋겠습니다. 책에 소개된 AI 스피커나 챗봇, 시리, 번역기 등과 같이 이미 우리 생활에서 함께하는 인공지능을 교육적 도구로 사용하면, 학생들은 인공지능과 더욱 친해지며 스스로 학습과 생활에 인공지능을 활용하게 될 것입니다. 이렇게 인공지능과 가까워지다가 인공지능에 관심을 갖고 더 공부하게 되고, 인공지능 연구자로 개발자로 성장하는 학생들이 더 많이 생겨나기를 소망합니다. 부디 이 책이 인공지능을 활용한 교육을 시작하시려는 선생님들과 학부모님들에게 도움이 되기를 바랍니다.

대표저자 **박찬**

인공지능 시대의 패러다임 전환

초지능, 초연결의 시대로 설명되는 4차 산업 혁명기를 맞아 인류는 역사상 가장 큰 패러다임 전환기를 맞게 되었다. '사피엔스'의 저자 유발 하라리는 이전 산업혁명 시대와 달리 인공지능 시대의 가장 큰 변화는 인간의 고유 영역이었던 '인지노동'을 인공지능이 일부 대신할 수 있게 된 것이라고 말했다. 2019년 12월, 우리 정부에서 발표한 인공지능 국가전략에서도 유사한 정의가 사용되었다. "과거 산업화는 기계가 인간의 육체노동을 대체하는 수준이었다면, 이제는 인공지능(AI)이 인간의 지적 기능도 수행하는 수준까지 발전하면서 직업군의 변화까지 가져오고 있다." 따라서 인공지능이 촉발한 급속한 산업 구조의 변화에 따라 일자리 구조의 변화가 이루어질 것을 체감하고 있다.

패러다임 전환의 주역인 인공지능(AI: Artificial Intelligence)은 과연 무엇인가? 우리 정부는 '인공지능 국가전략'에서 인공지능을 인간의 지적능력을 컴퓨터로 구현하여 ① 상황을 인지하고, ② 이성적·논리적으로 판단·행동하며, ③ 감성적·창의적인 기능을 수행하는 능력까지 포함하여 발전되고 있는 과학기술 분야로 규정했다.

인공지능이 얼마나 대단하기에? 왜 이런 국가전략 선포까지 필요한가? 라며 의아해하는 사람들도 분명 있을 것이다. 사실 인공지능은 갑자기 등장한 기술이 아니며 꽤 오랜 기간 발전되어 왔다. 1956년 다트머스 컨퍼런스에서 전산학자 존 메커시(John McCarthy)가 인공지능(Artificial Intelligence)이라는 용어를 창안한 이후, 1970년까지 인공지능 연구가 매우 활발하게 이루어졌다. 하지만 당시 컴퓨터의 성능 문제, 빅데이터 부재 및 정보처리의 한계로 인공지능이 사람을 대체하기 어렵다는 사실을 인식하는 데는 그리 오래 걸리지 않았다. 당시 엄청난 인공지능 관련 펀드가 조성되었지만 혁신적 연구 성과는 없었다.

1997년 IBM의 딥블루가 세계 체스 챔피온인 카스파로프에게 승리하면서, 인공지능은 다시 한번 세계의 이목을 끌게 되었다. 이후 2010년 구글이 AI 기반 자율주행차를 선보이게 되고, 2012년 영상을 인식하는 기술을 선보이면서 점차 인공지능에 대한 관심은 높아졌다. 2016년 역사적인 알파고와 이세돌 9단의 바둑대결은 인간을 능가하는 인공지능의 능력을 세계에 보여주는 계기가 되었다. 과거 현미경의 발달이 미생물과 바이러스 연구에 눈부신 발전을 가져왔고, 인쇄술의 발달이 지식의 공유속도를 높여 르네상스를 촉발시킨 것과 같다. 컴퓨터 메모리와 무이 인터넷의 발달은 초연결 시대를 가능하게 했고, 생성된 빅데이터는 초지능 시대를 열며 인공지능을 활용한 문제 해결이 가능해지는 패러다임 전환이 일어난 것이다.

인공지능의 이해

인공지능 기술이 패러다임 전환을 불러온 이유를 이해하기 위해서는 인공지능이 인간의 인지노동을 대신 한다는 것의 의미를 먼저 이해할 필요가 있다. 예를 들어보자. 인공지능 의사 왓슨은 하루 수만 건의 엑스레이 사진과 MRI, CT 데이터와 실제 진단 결과를 비교 학습하면서 조직검사나 혈액검사 없이, 암조직의 색상, 크기, 모양을 근거로 악성 또는 양성을 정확히 판별해 내는 알고리즘을 발견한다. 그리고 매일 업데이트 되는 새로운 데이터를 적용하여 알고리즘은 정교화 되며 진단의 정확도는 높아진다.

만일 인간 의사였다면, 하루에 몇 건의 환자 영상을 판별하고 처리할 수 있을 것인가? 또 하루에 얼마나 많은 논문을 학습하고, 또 탐구 결과를 진단에 섭복할 것인가? 인공지능의 학습량과 비교가 불가능한 데이터 양이다. 일반적인 인간 의사는 새로운 환자가 발생하면 병명진단을 위해 CT를 찍고, 혈액검사를 하고, 또 MRI를 찍은 후 최종적으로 조직을 떼어내어 검사를 하고서야 암이라고 확진할 수 있다. 물론 임상경험에 따라서 CT만 보고도 바로 진단을 내리는 경우가 있지만, 초음파, MRI, 조직검사는 필수적으로 수반된다. 만일 희귀한 병명이거나, 영상으로 진단하기 모호한 이유가 있다면 더더욱 확진까지 더 많은 시간과 노력이 들 것이다.

이미 진단의학의 경우 인공지능이 인간 의사를 넘어서기 시작했고, 최근 영상 진단 의료기기 회사들은 인공지능을 탑재하며, 인간 의사가 하지 않는 방식의 진단법도 개발되고 있다. 예를 들어 해당 조직에 빛을 조사하여 반사광의 파장을 비교하는 방법으로 암을 진단하거나, 환자들 간의 데이터에서 특이점을 찾아내어 진단 기술의 정확도를 높이는 방식이다. 따라서 인공지능을 도입하여 공동 진료 서비스를 제공하는 병원도 늘고 있다. 또한 인공지능이 인간 의사와 함께 더 효율적으로 진단과 진료를 할 수 있다고 생각하는 환자도 늘고 있다.

이렇게 인간의 인지노동을 수월하게 하거나 일부 대신하는 인공지능의 시대는 시작되었고, 우리는 이미 인식하지 못한 채로 인공지능의 도움을 받으며 살아가고 있다. 심지어 우리가 사용하는 기술들이 인공지능이라는 것도 모른 채 활용하고 있기도 하다.

최근 앱을 켜면 AI라는 아이콘이 등장하는 플랫폼이 늘고 있다. 개인 데이터 활용에 대한 동의를 거쳐 개인 맞춤형 서비스를 제공하겠다는 것이다. 나에게 필요한 제품을 찾아주거나, 내가 좋아할 만한 책이나 영상, 웹툰을 찾아 추천하는 일은 일상적인 것이 되었다. 인류는 인공지능이라는 "똑똑한 인지 도구"를 소유할 수 있게 된 셈이다. 본 책의 챕터 3, 4에서 우리의 삶을 편리하게 하고 인지노동을 줄여주는 여러 인공지능 도구를 소개한 첫 번째 이유는 "편리성"이다. 두 번째 이유는 우리가 사용하는 인공지능이 "더 쓸모있게 똑똑해지기"를 바라는 마음 때문이다. 인공지능이라는 인지 도구가 탑재된 스마트폰은 우리의 생활을 편리하게 해주는 동시에, 우리가 제공하는 빅데이터로 연일 학습 중이다. 데이터로 더 많이 학습해야 정확도가 높아지기 때문이다.

현재 대부분의 인공지능 도구들은 빅데이터를 수집하기 위해 오픈소스로 제공되고 있다. 예를 들어, 우리가 흔히 쓰고 있는 카카오 페이를 떠올려 보자. 우리는 저장된 얼굴을 인식해서 송금이나 결제를 마치게 된다. 우리에겐 은행 업무를 손쉽고 간단하게 처리해 주는 안면인식 인공지능 기술이지만, 카카오 뱅크에는 우리의 안면인식에 대한 데이터가 계속 쌓이게 된다. 안면인식 인공지능은 실시간으로 똑똑해지고 알고리즘은 정교해진다. 이렇게 실시간으로 우리가 제공하는 데이터는 100% 정확도를 지향하는 안면인식 알고리즘을 완성하는데 큰 도움이 될 것이다.

알고리즘이 정교화 되면 유료로 전환될 가능성이 높아 보인다. 아쉬운 점은 유료로 전환될 것이라는 사실이 아니라, 현재 우리가 사용하는 인공지능 도구들이 대부분 글로벌 기업에서 제공해주는 오픈소스라는 점이다. 구글, MS와 같은 글로벌 기업의 인공지능은 우리가 사용할수록 딥러닝하며 똑똑해진다. 그것이 우리나라가 고유의 인공지능 플랫폼과 서비스를 하루빨리 구축해야 하는 이유이기도 하다. 현재는 편리성 때문에 글로벌 기업의 인공지능 도구를 활용하고 있지만 카카오, 네이버 등에서도 인공지능 서비스를 제공하고 있으므로 인공지능 교육에서는 점차 국내 인공지능 도구를 활용할 것을 권장하고 싶다.

머신러닝과 딥러닝 활용 – 무엇이 다른가?

스티브 잡스의 명언 중에 "사람들은 대체로 자신이 원하는 것을 보여주기 전까지는 무엇을 원하는지 알지 못한다"라는 말이 있다. 이미 우리의 삶의 일부가 된 인공지능은 애초에 우리가 원하고 선택한 것은 아닐지라도, 이제 우리의 삶에서 뗄 수 없는 존재가 되어가고 있다는 사실에 대부분 동의할 것이나. 이제 인공지능은 의료, 금융, 서비스 등 많은 분야에서 이미 사람보다 더 정확한 판단을 하고 의사결정을 내리기 시작했다. 그렇다면 우리는 어떻게 인공지능 교육을 해야 인공지능의 시대를 대비할 수 있을 것인가?

인공지능의 시대가 이전과 무엇이 다른가를 이해한다면 교육의 방향성은 명료해 질 것이다. 인공지능 연구는 "컴퓨터도 생각을 하고 의사결정을 할 수 있는가?" 에 대한 컴퓨터 과학자들의 질문에 대한 해답을 찾아가며 시작됐다. 인공지능 연구는 보통의 사람이 수행하는 지능적인 작업을 자동화하기 위한 연구 활동이며, 머신러닝, 딥러닝을 포괄하는 종합적인 분야이다.

1980년 딥러닝 기술이 발전하기 이전에 인간을 대신해서 문제를 풀 수 있는 전문가 시스템(expert system)은 폭발적인 관심을 받았다. 전문가들은 어떤 것을 작동시키기 위해서 명령어를 구조화하고 효율적으로 프로그래밍하는 방법을 연구했다. 하지만 인간이 발견한 명시적인 규칙을 부여하는 작업만으로는 현재 인공지능처럼 이미지를 분류하고, 음성을 인식하고, 언어를 번역하는 복잡하고 불분명한 문제 상황을 정의하는 것이 어려웠다. 그래서 프로그래머가 직접 만든 명령 처리 규칙 대신 컴퓨터가 데이터를 인식하고, 자동으로 어떤 규칙을 학습할 수 있는 방법은 무엇일까에 대한 연구가 시작되었다. 그렇게 새로운 프로그래밍 패러다임으로 등장한 것이 바로 머신러닝(Machine Learning)이다[1].

다음 그림 1에서 볼 수 있듯, 전통적인 프로그래밍은 프로그래머들이 규칙을 만들고 규칙에 따라 처리될 데이터를 입력하면 해답이 출력된다. 이와 달리 머신러닝은 이미 확보된 데이터와 데이터로부터 기대되는 해답을 입력하면 규칙이 나온다. 완전한 패러다임의 전환이다. 더구나 머신러닝을 통해 발견한 규칙에 빅데이터를 넣으면 규칙의 타당성도 확보할 수 있고 빅데이터로 더 창의적인 규칙을 얻을 수도 있다. 컴퓨터가 여러 데이터를 이용해 마치 사람처럼 스스로 학습할 수 있게 하기 위한 인공 신경망(ANN: artificial neural network)을 기반으로 구축된 기계 학습 기술을 딥

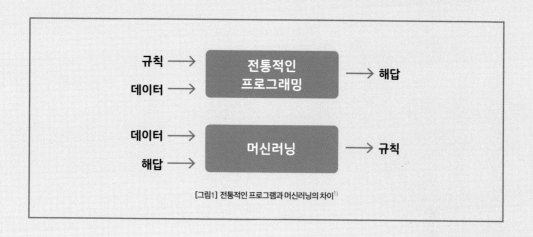

[그림1] 전통적인 프로그램과 머신러닝의 차이[1)]

러닝(deep learning)이라고 한다. 딥러닝 기술을 적용하면 엔지니어가 기계의 판단 기준을 정해주지 않아도 컴퓨터가 스스로 정보를 습득하고, 추론, 판단하며 성장한다. 이미 우리가 활용하고 있는 영상, 음성 인식등에 딥러닝 기술이 활용되고 있고, 구글 알파고도 딥러닝 기술을 활용하였다. 인간이 하루 8시간 바둑을 둔다고 가정하면 알파고는 인공 신경망을 활용하여 하루만에 인간의 35년 분량의 바둑을 두며 딥러닝 한다[1)].

  이러한 머신러닝 기술을 더 효율적으로 활용하기 위해서는 확보한 데이터 분야에 대한 전문가의 통찰과 직관, 창의성이 중요하다. 특히 머신러닝 기술을 활용해서 의미있고 창의적인 규칙을 발견하기 위해서는 확보된 데이터가 속한 분야에 대한 "탐구" 경험이 많은 전문가의 직관이 필요하다[1)]. 전문가가 직관적으로 해답을 제시할 때 타당한 규칙을 발견할 가능성도 훨씬 커지기 때문이다. 결국 입력할 해답을 찾는 것은 프로그래머의 영역이라기보다 데이터를 기반으로 통찰하고 직관력을 발휘할 수 있는 전문가의 영역이라고 할 수 있다. 예를 들어 영상을 통해 뺑소니 차량의 종류를 감별할 수 있도록 인공지능의 기계학습이 필요하다. 엔지니어가 현존하는 모든 차량의 사방 사진을 빅데이터로 확보하고 있다고 가정하

---

1) 프랑소와 슐레(2018). 케라스 창시자에게 배우는 딥러닝. 서울: 길벗출판사

면, 오랜 시간 차량을 감별해 왔던 수사관의 직관적인 차량 감별법을 해답으로 활용할 수 있다. 이렇게 인공지능 연구에서 전문가 산의 협업은 효율적인 연구 및 산출을 가능하게 한다.

결국 인공지능 교육에서 지향해야 할 것은 개인의 전문성이다. 네이버 지식 사전에서 제공하는 전문성(專門性, expertise)에 대한 정의는, 어떤 영역에서 보통 사람이 흔히 할 수 있는 수준 이상의 수행 능력을 보이는 것을 말한다. 이는 그간 추구해 오던 교육의 지향점, 미래 인재상과 다르지 않다. 개인의 전문성은 매우 장기적이고 체계적인 훈련을 통해 획득될 수 있다. 전문성을 갖춘 사람은 특정 영역의 지식이 많고 잘 조직되어 있으며, 문제를 해결할 때 적합한 지식을 잘 활용할 수 있고, 직관력이 강하다.

전문성은 문제해결 과정에서 전문가가 보여주는 문제에 대한 표상 방식에서 두드러지게 나타난다. 전문가는 문제 상황을 통찰하고, 제시된 정보를 적절한 배경지식과 빠르게 통합한다. 이러한 전문가의 문제표상 방식은 체스나 바둑, 의학, 스포츠 영역의 전문가들이 가지고 있는 일반적인 특성이다[2].

인간 고유의 인지능력 – 유추에 의한 문제 해결
(Problem solving by analogy)

Problem solving by analogy는 과거의 문제 해결이 적절했다는 사실에 착안하여 현재의 문제 해결에 필요한 조직자들을 만들기 위해, 과거 문제 해결의 요소들을 떠올리는 것을 말한다. 유추 추리(analogical reasoning)는 고유한 인간의 인지 능력이다. 유추 추리가 고유한 인간의 인지 능력인 이유는 다음과 같다. 인간은 명시적 지식의 맥락을 암묵적인 영역을 토대로 복제, 전이하고, 표면적인, 구조적인, 절차적인 유사성을 적용하는 인지적 유연성을 가지고 있다. 이렇게 유사성을 창의적으로 발견하고, 유연성 있게 유추 추리하는 인간의 고유한 능력은 인공지능이 모방하기엔 한계가 있다.

---

2) 전문가 사고[專門家 思考, expert thinking] (교육심리학용어사전, 2000. 1. 10., 한국교육심리학회)

핀란드의 교육 혁명 – 혁신이 아닌 혁명인 이유!

핀란드는 세계 최초로 모든 학교 과목을 없앴다. 헬싱키 교육부는 "아이들이 지금 교육 받는 방식은 1900년대 초반 학생들에게 유익한 스타일이었지만, 지금 우리 사회 환경과는 더 이상 맞지 않다"며 교육 혁명의 이유를 명확히 밝혔다. 시대의 변화에 따른 패러다임 전환의 필요성을 인정한 것이다. 핀란드는 교과목 대신 개별 사건과 현상에 대한 연구를 학교 교육에 도입하였다. 과거 수학, 과학, 지리 등 교과 중심의 지식 학습이 아닌 수학, 과학, 지리적 관점 등으로 2차 세계대전과 같은 이벤트를 다양한 시각에서 연구하는 것이다. 또 영어, 경제, 커뮤니케이션 기술은 "카페에서 일하기"라는 프로젝트로 교육한다. 특정 상황 속에서 학생들의 체화된 인지 경험을 강화하여 학습 효과를 높이려는 것이다[3].

2020년부터 시작할 예정인 새로운 교육시스템은 현 16세 학생부터 적용된다. 학생들이 광범위한 주제 연구를 마친 후에는 관심 분야와 미래 전망에 따라 자신이 연구하고 싶은 특정 사건이나 현상을 스스로 선택해 깊은 탐구의 기회를 제공한다[3]. 교육담당자들은 이러한 문제 해결 학습 과정에서 학생 개인의 전문성이 향상될 수 있다고 확신한다. 학생들이 자신의 흥미와 재능 분야를 발견하며 특정 분야의 전문가로 성장하기를 기대하는 것이다.

핀란드의 학생들은 다양한 시각에서 상황을 바라보면서 스스로 필요한 지식을 찾아 학습하며 개인 고유의 융합적 지식을 쌓고 연구할 기회를 제공받고 있다. 이 과정에서 새롭게 학습하거나 창의적으로 생산된 지식은 다시 문제 해결에 적용된다. 이들은 실패 또는 성공 경험을 거듭하며 새로운 질문을 생성하게 된다. 새로운 질문은 이들의 다음 연구 주제가 될 것이다. 이렇게 스스로 학습하면서 개인의 영역 특수적 지식을 형성해 가는 나선형 지식의 발전 과정은 개인이 전문성을 갖추는 과정이 된다. 개인은 지속적인 문제해결 노하우를 양산해 내며 그 전문성은 더 견고해진다. 그 전문가들이 인공지능 연구자와 협업한다고 가정해

---

3) 빅머니 2018/05/24 맴모삼천지교? #교육 #국가경쟁력 #스타일난다 #김소희대표 #경제적자유 #시대적응 #핀란드 #교과목폐지 #중국 #AI교과서 #손주은회장 #청년스타트업지원 |작성자 경제앵커 권미란

보자. 인공지능 연구자와 협업하며 해답을 생성히면 새로운 규칙을 발견하거나 검증할 수 있는 가능성도 높아진다. 결국 인공지능 분야를 포함하여 각 분야에서 개인의 전문성을 향상시키려는 노력을 격려하고 지원하는 교육 시스템은 인공지능 시대에 가장 필요할 것이다.

누구나 인공지능을 배우고 코딩을 알아야 하는가?

현재 우리 손에는 스마트폰이 있다. 스마트폰은 우리에 대한 많은 데이터를 실시간으로 기록하고 있으며, 이미 우리의 보조기억장치의 역할을 하며 일정표와 메신저를 통해서 잠시 잊고 있었던 약속과 대화 내용을 상기시켜주는 개인 비서 역할까지 도맡고 있다. 해외에서는 번역서비스를 하는 것은 물론이고, 여행지에서 맛집을 찾는다면 빅데이터를 토대로 인공지능이 대신 추천해준다. 교육 분야에서도 수학 문제를 사진으로 찍으면 답을 제공해주는 애플리케이션 콴다가 등장했다(11장).

과거 교육 혁신의 방향성은 대부분, '어떤 지식을 어떻게 가르칠 것인가. 어떻게 오류 없이 정확한 답을 찾을 수 있게 할 것인가?' 였다. 인공지능이 인간의 인지노동을 대신해 주고, 인간보다 더 나은 의사결정을 할 수 있으므로, 이 시점에서 교육 혁신의 방향은 '창의적 문제 해결 능력을 어떻게 배양할 것인가?'에 대한 고민에서 찾아야 하는 것이다. 15년 이내에 인간의 지능을 뛰어 넘는 인공지능이 개발된다고는 하지만, 인공지능이 아직 따라올 수 없는 인간의 고유한 능력은 창의성이기 때문이다.

따라서 인공지능의 개념이나 관련 지식들을 설명하거나 인공지능 도구를 개발하는 코딩 기술교육이 되지 않도록 경계할 필요가 있다. 모든 고등학생에게 미적분을 가르친다명 해서 미적분을 활용하여 문제를 해결하는 것도 아니고, 심지어 미적분을 배운적이 있었는지도 기

인공지능 시대의 인재

IBM의 CEO Rometty는 2017년 다보스 포럼에서 인공지능과 빅데이터가 지배하는 세상에서 블루칼라[4] 와 화이트칼라[5] 의 역할은 미미할 것이라고 예상했다. 따라서 미래를 선도할 뉴칼라[6] 양성이 필요함을 강조했다. '뉴칼라'는 새로운 것을 창조하고 연구 개발하는 능력이 뛰어난 사람들을 의미한다. 특히 이들은 하드웨어와 소프트웨어 활용 능력이 뛰어나고, 창의성을 발현하여 새로운 지식을 직접 생산, 판매하기도 한다(하선영, 2017). 이미 '뉴칼라'가 생산한 제품과 콘텐츠는 온라인 플랫폼을 타고 글로벌 경제에서 막대한 부가가치를 창출하고 있다. 마이크로 소프트, 구글, 페이스북, 스냅챗 등 1세대 창립자들이 뉴칼라의 모델이 된 셈이다. 미국 실리콘 밸리에는 '뉴칼라'의 창업 활동이 활발하며, 전세계 자본이 아낌없는 투자를 하고 있다. 미래 인재의 모습을 우선 '뉴칼라'라고 정의한다면, 뉴칼라의 양성은 기존의 교육방식과 달라야 한다. 첨단 기술의 기반 위에 시작된 제 4차 산업혁명의 시대안에서 생활 속의 문제 발견과 해결을 경험한 모두가 개인의 특정한 지식을 기반으로, 문제를 발견하여 창작자인 뉴칼라 로 성장하기 위해서는 국가 주도의 교육 혁신이 필요하다. 단 뉴칼라로 성장하기 위해서 코딩을 배우는 것이 필수는 아니다. 이미 코딩이 필요 없을 정도로 프로그래밍 도구는 진보되어 있다.

억하지 못하는 사람이 더 많다는 사실을 이제는 인정해야 한다. 인공지능 관련 지식을 가르치려고 한다면 교육에 실패할 것이다.

현재 많은 교육육문가들이 시도하듯 인공지능 개념을 가르치고 코딩을 가르치기 전에, 인공지능을 활용하는 흥미로운 경험을 함께하는 것이 가장 중요하다. 인공지능 교육에 학습자가 자발적으로 참여할 수 있도록 동기부여 될 것이기 때문이다. 인공지능 대표기업 주식

---

4) 블루칼라(new collar) : 생산직 등 노동자
5) 화이트칼라(white collar) : 전문 사무직
6) 뉴칼라(new collar) : IBM CEO Ginni Rometty가 2017년 다보스 포럼에서 제안한 용어로, 새로운 것을 창조하고 연구·개발하는 능력이 뛰어난 계급을 말한다.

회사 아크릴의 박외진 대표는 "인공지능은 고도의 논리와 수학이며 단지 기술의 진보로 더 많은 사람이 활용할 수 있게 만들어 제공하였을 뿐, 결고 쉬운 기술이 아니다."라고 얘기한다. 더 많은 사람이 활용하도록 제공하고 있는 인공지능 도구들은 인공지능의 개념을 깊이 이해하고 경험할 수 있는 기회를 학생들에게 제공하고 있다. 본 책의 3, 4챕터에는 인공지능 도구를 활용하여 가정에서, 학교에서 경험할 수 있는 활동을 소개하였다. 인공지능을 경험한 어떤 학생들은 코딩을 더 배워서 엔지니어가 되려고 할 것이고, 어떤 학생은 인공지능 서비스 기획자가 되려고 할 것이다. 이렇게 인공지능을 활용하는 저마다의 흥미 영역을 찾아가는 것은 진로를 탐색하듯 지극히 개인적인 의사결정의 과정에서 이루어져야 할 것이다.

인공지능 시대의 인재로 성장하기 위해서는 국가 주도의 교육 혁신이 필요하다. 단 인공지능 도구의 발달로 코딩을 배우는 것이 우선은 아니다. 이미 코딩이 필요 없을 정도로 프로그래밍 도구는 진보되어 있다. 인공지능 도구를 활용하여 무엇을 할 것인가가 훨씬 중요하다.

인공지능 교육 – 혁신이 아닌 혁명이 필요하다!

아리스토텔레스는 인간의 본질은 인간의 기능에 있으며, 인간의 기능 발휘란 주어진 고유한 능력을 얼마나 잘 현실화 시키는가에 달려있다고 하였다. 개인의 학습과 노력의 결과가 보장했던 어느 정도의 성공도 현재는 사회 시스템의 변화로 인해 보장받지 못하게 되었다. 그나마 안심해도 될 것은 사람이 살아가는 방식은 한 번에 바뀌는 것이 아니며, 기성세대들은 쉽게 자신의 생활 패턴을 바꾸지 않는다는 것이다. 따라서 기존의 직업군이 단숨에 사라지지도 않는다. 모두 변화에 익숙해 질 시간은 필요하다.

카카오톡은 유료 문자를 사용하던 우리에게 무료 무제한 문자 메신저 서비스를 제공하면서 혁명적으로 우리 생활 패턴을 바꾸었다. 이제 말로 설명하기 보다는 사진으로 찍어서 카카오톡으로 전송하면 보다 확실한 의사소통이 가능하다. 카카오톡으로 모임도 하고 송금도 하고, 챗봇 기능도 만들 수 있다. 유능한 프로그래머만으로 이토록 혁명적인 서비스의 기획과 출시가 가능했을까? 그렇지 않다.

이러한 사례를 떠올리면 인공지능 교육의 방향성도 명료해진다. 인공지능 엔지니어를 육성하는 것도 필요하지만, 엔지니어가 만든 기술을 생활에, 산업에 적용할 기획자도 필요하다. 인간의 행동 패턴을 이해할 심리학자나 행동분석학자도 필요하다. 이들이 엔지니어와 소통할 수 있는 수준의 인공지능 소양만 갖추면 된다. 여기서 소양이란 머신러닝의 개념까지 일수도 있고, 단지 현재 서비스 되고 있는 몇몇 인공지능 도구의 활용패턴 일수도 있다. 관련 정보를 그때그때 검색하면서 활용할 수도 있다. 이렇게 즉각적으로 알게 된 지식을 Schunk는 Dynamic knowledge라고 하였고, 인공지능의 시대에 그 중요성은 점차 강조되고 있다.

인공지능 시대 지식의 재개념화

기성세대들은 의무 교육과정 내에서 성취할 목표를 정하고, 자기조절을 하며 학습이라는 극기 훈련에 나름 성공한 사람들이다. 그래야 무난하게 학벌과 학점도 갖춰 지식노동자 계급으로 신분 상승 할 수 있었다. 따라서 기성세대들은 자꾸 신세대들과 필요성에 공감하기 보다 필요성을 관철시키고 가르치려고만 한다. 하지만 이 공식은 과거에는 맞았어도 지금은 틀리다. 가르쳐도 배우려고 하지 않는 신세대들을 설득할 만한 근거도 충분치 않다. 한 예로 '개미와 베짱이' 동화에서 이제 개미의 생활 태도보다는 베짱이의 생활 태도가 개인에게는 더 행복해 보이고, 어쩌면 더 큰 성취를 거둘 정도로 시대가 바뀌었다. 인공지능은 인간의 노력과 성취 공식에 '변수'로 등장하기 시작했다.

예를 들면 지금부터 20년 전 만 해도 영어만 잘하면 대기업에 취직할 수 있었다. 당시엔 앞 다투어 유학과 어학연수를 떠났고 고생 끝에 완성된 유창한 영어 실력은 고액연봉을 보장해 주었다. 최소한 영어학원에라도 취직하면 먹고 사는데 전혀 지장이 없었다. 하지만 최근 상황은 다르다. 영어를 잘해도 어학원에 좋은 조건의 일자리를 구하기 힘들어졌고, 유튜브에는 무료 영어강좌가 넘쳐난다. 네이버의 커넥트 재단은 edwiz를 통해 무료 교육 서비스를 강화하고 있고, MOOCs(Massive Open Online Courses)로 유명 대학의 외국어 강좌까지 무료로 들을 수 있다. 고급 콘텐츠까지 무료로 개방되어 학습의 기회가 너무나 많아지고 있다. 게다가 가장 큰 문제는 요즘 구글 번역기가 너무 똑똑해졌다. 60개국의 언어를 서비스 하고, 음성인식도 된다. 아직 빅데이터의 양과 정확도에 따라 언어별로 번역 수준의 차이는 있지만 번역기를 사용해 본 사람이라면, 어학공부에 투영한 시간과 노력, 비용이 아깝다고 느끼며 더이상 시간과 비용을 지불하는 것을 꺼릴것이다. 본 책에도 구글 번역기를 활용한 영어학습 사례가 소개되어 있다. 특히 구글 번역기는 수년간 공부한 사람들보다 어휘력이 뛰어나고 더 정확한 단어와 문장으로 번역서비스 제공해 준다. 통역사의 하루 임금이 40~60만원 수준이라는데, 미래에는 인공지능 통역 시스템을 활용한 국제 학회를 개최하는 것이 더 혁신적인 학술대회라고 인식될 수도 있겠다.

앞서 살펴본 것처럼 지식을 이미 얼마나 많이 알고 있는가도 중요하지만 어떻게 필요한 지식을 바로 찾아서 잘 활용하느냐도 중요해진 시대가 되었다. 이러한 인지 혁명의 시대 우리는 교육의 혁신을 넘어 혁명적으로 교육 패러다임 전환을 해야 한다. 인공지능 기술을 더 잘 이해할수록, 인공지능을 활용하여 문제를 해결하는 습관이 몸에 더 많이 베어 있을수록, 우리는 창의성에 인공지능이 더해져 더 큰 부가가치를 생산할 수 있다. 인공지능을 교육에 활용하는 것은 교육 혁신보다는 교육 혁명이 이루어져야 가능한 일이다.

인공지능 교육은 개인화된 경험 서비스

미국 라스베거스에서 열리는 국제전자제품박람회(Consumer Electronics Show, 이하 CES)는 업계의 선두주자들이 모이는 세계적인 소비자 전자제품 전시회이다. CES는 50년 이상 각국의 첨단 기술의 실험장이자 경연장으로 차세대 혁신 기술을 시장에 소개하는 국제무대로 알려져 있다. 2020년 CES 2020에서 기조연설자로 나서는 김현석 삼성전자 소비자가전(CE) 부문장은 향후 10년을 '경험의 시대'라고 정의했다. "첨단 기술은 개개인의 요구를 충족시켜 주는 맞춤형 기술로 진화 할 것이다."라며, 가전에 인공지능 기술이 통합됨을 알렸다[7].

어느 집이나 가족들은 거실에 함께 앉아 있지만 각자의 폰을 들여다보며 공동의 삶이 아닌 개인 맞춤형 삶을 살고 있다. 이미 나보다 더 나를 잘 알게 되었을지도 모르는 스마트폰 속 인공지능 친구가 생겼다. 이 친구는 사용자를 이해하려고 매일 노력하며, 사용자를 위해 스스로 맞춰가며 사용자에게 더 쉽게 더 편리하게 진화한다. 이렇게 미래 인류는 "경험의 시대" 안에서 개개인에 최적화된 형태로 첨단 기술과 연결되어 기술을 활용하며 살아가게 되었다.

따라서 인공지능 교육은 기본적인 교과 지식의 소양 위에서, 인공지능 시대의 시스템 변화, 초연결, 초지능의 의미를 이해하는 것에서 출발해야 한다. 특히 인공지능 기술을 활용하여 창의적으로 당면한 문제를 해결하는 지혜를 배양하는 교육이 우선되어야 한다.

---

7) 김현석 (2020), CES 2020 기조연설

인공지능 시대의 교육 방향

　미국 교육은 STEM을 기본으로 교과적 지식의 토대 위에서, 인공지능 시대의 변화를 이해하고 창의적으로 문제를 해결하는 지혜를 발휘하도록 돕는 것을 교육의 목표로 하고 있다. STEM에 통합된 인공지능 교육은 인공지능이 세상을 이해하고 세상을 변화시키는 데 도움이 되는 기술임을 인지하고, 지혜롭게 활용할 수 있는 능력을 배양한다. 여기서 지혜를 '의식의 구체화'로 정의한다. 지혜는 추상적인 개념으로 개인적 사고의 내재화에 의해 형성되는 포괄적이고 안정적인 지식의 구조화, 구체화를 의미한다. 또한 표현의 효율성을 위해 기술을 활용하는 수준의 소양을 갖추고, 첨단기술의 이해, 응용의 폭을 넓힐 수 있도록 지원한다. '지혜'의 생성은 하룻밤 사이에 일어나지 않으며, STEM 지식은 지혜를 생성하는 기본 소양이 될 것이다.

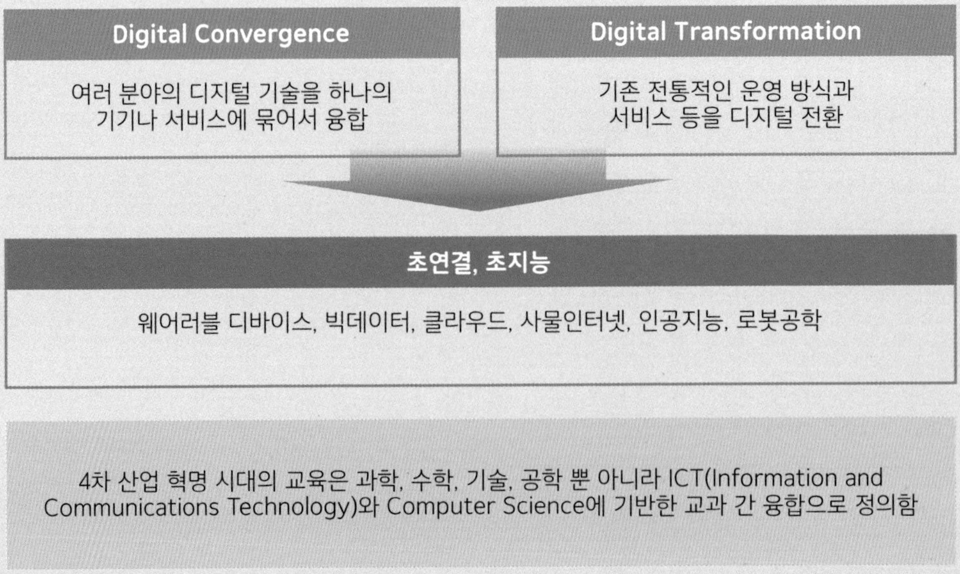

Digital Convergence	Digital Transformation
여러 분야의 디지털 기술을 하나의 기기나 서비스에 묶어서 융합	기존 전통적인 운영 방식과 서비스 등을 디지털 전환

초연결, 초지능

웨어러블 디바이스, 빅데이터, 클라우드, 사물인터넷, 인공지능, 로봇공학

4차 산업 혁명 시대의 교육은 과학, 수학, 기술, 공학 뿐 아니라 ICT(Information and Communications Technology)와 Computer Science에 기반한 교과 간 융합으로 정의함

그림 2. 4차 산업 혁명 시대의 교육

게슈탈트 심리학에서 부분의 합은 전체가 아니다. 부분의 합은 전체 그 이상이라는 명제를 통해 인공지능 시대에도 STEM 지식의 중요성은 여전하다는 사실을 인식해야 한다. 교사 또는 학부모들은 인공지능을 활용하는 경험을 학생들과 함께 하면서 경험적 지식을 형성하도록 유도해야 한다. 이후 학생들은 자발적으로 인공지능을 활용하여 문제를 해결하게 될 것이고, 그 개별적인 경험이 쌓이면서 누군가는 실생활에 유용한 인공지능 서비스를 개발할 것이고, 누군가는 인공지능 프로그래머로 성장할 것이다. 또 누군가는 인공지능을 활용하여 글을 쓰고 예술을 하며, 또 누군가는 그림을 그리고, 상상의 나래를 펼칠 수 있을 것이다.

인공지능을 이해하면 할수록 인간의 뇌구조, 인지구조가 얼마나 위대한가를 새삼 깨닫게 된다. 이제 영어단어 시험을 보고, 수학 공식을 외우면서 좌절하던 내가 아니라, 감히 인공지능이 수십 년 안에 따라잡을 수 없는 고유의 스키마를 가진 나라는 것을 인식해야 한다. 일란성 쌍둥이라도 수정란이 되고 세포가 분화하여 뇌의 뉴런이 만들어지기 시작한 순간부터, 다시 말해 엄마 뱃속에서 세상 밖으로 나오기 이전부터 개인의 고유한 스키마를 갖고 있다고 한다. 그래서 인간은 위대한 존재이며 정작 그 사실을 잊고 살았던 것은 공교롭게도 우리 인간들 뿐이다.

동일한 교육과정을 가르치고 배우게 하는 지식 중심의 교육은 이렇게 위대한 인간을 사회의 한 부속품으로 다시 전락시킬 수 있다. 우리가 <u>새로운 시대에 가장 경계해야 하는 것이 바로 기존 교수 학습 방법을 인공지능에 적용하는 것</u>이다. 4차 산업혁명 시대를 맞아 온라인 플랫폼에서 엄청난 부를 축적하고 있는 유튜버들은 인간들의 지적·창조적 힘을 활용하여 콘텐츠를 만들어 배포하고 있다. 우리의 스마트폰은 유, 무형의 콘텐츠 생산 시설로 자리매김 하고 있기에, 5G에 우수한 카메라를 탑재한 스마트폰이 가장 인기가 높다. 사람들은 왜 자발적으로 콘텐츠를 공유하는 일을 지속하는 것일까? 바로 "재미" 있기 때문이다. 플랫폼 안에서 독자들에게 즉각적인 피드백을 받을 수도 있고, 성취감도 얻을 수 있으며 소득을 얻어 생활을 유지할 수도 있다. 이렇게 유튜브 안에서 얻은 유튜버들의 최적 경험(optimal experience)은 지속적인 콘텐츠 생산 에너지의 원천으로 작용한다.

본래 최적 경험은 자신의 의지로 판단하고 실행하여 성취한 경험을 말한다. 시카고 대학의 칙센트 미하이(Csikszentmihalyi) 교수는 최적 경험에 대해 외적 조건들에 압도되지 않고 우리의 행동을 스스로 조절할 수도 있으며, 내 운명은 내가 주인인 듯한 느낌이 드는 경험이라고 설명한다. 최적 경험을 하는 동안 우리는 기분이 고양되고, 행복감을 맛볼 수 있다. 이러한 경험들은 우리의 뇌리에 오랫동안 남아 있게 되고, 더 나아가서 본인이 지향하고 싶은 삶의 이정표가 될 수 있다.

문제 발견과 해결을 통한 나선형 인지 성장 메커니즘

Bruner[8]는 "어떤 종류의 학습이든지 학습의 첫째 목적은 지적인 희열을 느낀다는 점도 있겠지만, 그보다 더 중요한 것은 그 학습이 장차 우리에게 쓸모가 있어야 한다고 인식하는 것이다."라고 설명했다. 쓸모가 있다는 것은 생활의 문제를 해결한다는 것과 동시에 새로운 생각의 토대가 되어 개인이 지식의 폭을 확장하고 깊이를 심화하는 뼈대가 되는 것이다. 따라서 "학습을 위해 잘 구조화된 지식이란 표현방식이 학습자의 발달 수준이나 과제의 특성에 적합하게 조직된 것"이라고 하고 있다. 다시 말해서, 모든 지식은 고정된 구조로 표현되는 것이 아니라, 학습자가 이해할 수 있는 구조로 표현될 때 가장 적합한 지식의 표상이 된다는 것이다. 따라서 인공지능 교육은 최적화된 도구의 활용을 통하여 학습자들의 최적 경험을 유도하고, 개념을 잘 구조화 하여 학습자들이 쓸모 있다는 인식을 심어주면 충분할 것이다.

---

8) Bruner, J. S. (1961). The act of discovery. Harvard educational review.

핀란드의 교육 방식처럼 일상생활의 문제를 발견하고 인공지능으로 해결하는 최적 경험을 제공하는 것은 성공적인 인공지능 교육의 출발점이 될 것이다.

문제를 발견하고 해결하는 과정은 개인적 지식의 성장 과정이다. 때로는 실패하기도 하고 때로는 성공하는 모든 과정에서 개인은 경험적 지식을 축적한다. 보고 듣고, 생각하고, 느낀 모든 경험은 오롯한 개인의 지식이 된다. 개인의 전문성은 이렇게 문제 해결 능력을 증진시키는 과정에서 향상된다. 과거 전문성은 박사 등의 학위를 취득하는 것으로도 확보되었지만, 지금처럼 새로운 지식의 생성과 소멸 속도가 빠를 때는 학위가 있는가 없는가는 크게 중요하지 않다. 문제 발견과 해결 과정을 거치며 개인은 나선형으로 성장하며, 해결 과정에서 발견한 문제는 또 다른 도전과 성취의 시작이 된다.

공교롭게도 문제를 발견하는 사람이 해결도 잘하고, 또 해결 과정에서 다른 문제를 발견하게 된다. 이 과정에서 성장한 개인의 전문성은 해결할 가치가 있는 문제를 발견하는 안목으로 작용한다. 또한 인공지능에서 개인의 전문성은 알고리즘을 발견하는 직관적인 능력으로 작용할 수 있다.

인공지능 시대의 문제 해결 교육

정재승 교수는 '열두 발자국' 이라는 책에서 전문가들은 인공지능의 시대를 살아갈 인간에게 두 가지를 제안한다. 하나는 인공지능을 제대로 이해하여 필요한 곳에 잘 사용할 수 있는 인간이 되는 것이고, 다른 하나는 인공지능여 못하고 인간만 잘하는 것이 무엇인지를 파악해서 인간의 존재가치를 보존하라는 것이다[9]. 어디서부터 어떻게 인공지능을 배워야 하는

---

9) 정재승 (2018). 열두 발자국, 서울: 도서출판 어크로스

가? 라고 묻기 전에 자신은 누구이고, 무엇을 좋아하며, 어떤 분야의 전문성을 키워가고 싶은 지에 대해서 생각해 보는 것이 먼저일 것 같다.

인공지능은 이제 나를 이해하고 내게 필요한 지원을 해줄 수도 있다. 때문에, 나는 곧 인공지능을 개발할 새로운 분야를 개척하는 아이디어의 원천이 될 수 있다. 앞서 설명한 대로 네이버, 카카오, 구글, MS는 모두 자사가 보유하고 있는 인공지능 기술을 개방하여 사람들이 어디에 그 기술을 사용하는지 파악중이다. 많은 사람이 활용한 데이터가 인공지능을 학습시키고 빅데이터를 구축하는 선순환성장이 이루어지고 있는 것이다. 결국 우리는 인공지능 기술을 더 발달시키기 위하여 생활 속에서 의미있는 질문을 던지고, 그 질문의 답을 스스로 찾아나가야 한다. 그 질문은 결국 인간 본연의 호기심 발현이며, 우리가 인공지능을 지속적으로 활용하며 지배할 수 있는 힘이다. 생활 속에서 문제를 발견하고 가치 있는 질문을 하는 일! 그것이 바로 인공지능 시대의 인간의 역할이다. 개인은 지속적으로 호기심을 가지고 현상을 관찰해 나가야 한다. 그리고 정보를 활용하여 가치 있는 생각을 정교화 해야 한다. 그 과정에서 개인의 지식은 새로운 연결을 만들며 창의적인 지식이 생성된다.

지식의 융합과 창의적 사고

Piaget는 사고란 개인이 스스로 지식을 연결(connections)하는 것이라고 설명하였고, Polanyi[10]는 학습자들이 자아를 중심으로 사고를 통합하는 모든 학습적인 활동을 자아 중심적 통합 작용(Self-Centered integrations)이라고 하였다. 실제로 대부분의 창의적인 업적들은

---

10) Polanyi, M. (2015). Personal knowledge: Towards a post-critical philosophy. Chicago: University of Chicago Press.

자아 중심적 통합작용으로 형성된 개인적인 지식을 기반으로, 공통점이 없는 영역들 간의 새로운 연결에서 탄생하였다[11].

  창의적 문제 발견과 정교화 과정에서 발생하는 지식의 새로운 연결과 통합은 명시적 지식과 암묵적 지식을 연결할 수도 있고, 명시적 지식과 명시적 지식을 연결할 수도 있다. 혹은 기존에 지식의 조각들을 연결하는 방법론일 수도 있다. 이러한 측면에서 창의적 사고를 융합적 사고로 정의하기도 한다. 융합적 사고는 통합적 이해(unified understanding)를 기반으로 종합하는 사고능력으로써 종합지(synosia)로 설명할 수도 있다[11],[12]. 종합지는 서로 다른 형태의 지식을 결합시키는 능력으로 창의적 산출을 만들어 내기 위해 반드시 가져야 할 능력이다. 역사적으로 위대한 성취를 이루어낸 과학자들은 서로 다른 영역의 지식을 독창적으로 연결시키는 융합적 사고를 빈번히 사용하여 창의적 지식을 생산하였다.[12]

인공지능을 활용한 창의적 문제 해결 학습

  Csikszentmihalyi[13]은 창의적 문제 발견을 위해서는 개인의 지식 확장의 노력과 정신적 에너지, 지식의 상태에 대한 불만족이 전제된다고 하였다. 자기 수준에 맞는 적당한 수준에서 연습을 하고, 자기 수준에서 정당한 피드백을 받을 수 있고, 관련해서 충분한 연습을 하고, 자신의 오류를 수정할 수 있는 조건에서 전문가로 성장할 수 있다고 했다[14].

11) Root-Bernstein, R. S., & Root-Bernstein, M. M. (2013). Sparks of genius: The thirteen thinking tools of the world's most creative people. New York: Houghton Mifflin Harcourt.
12) Csikszentmihalyi, M. (1996). The creative personality. Psychology Today, 29 (4), 36-40.
13) Csikszentmihalyi, M. (1988). Motivation and creativity: Toward a synthesis of structural and energistic approaches to cognition. New Ideas in Psychology, 6 (2), 177-181.
14) Anders Ericsson, K., & Towne, T. J. (2010). Expertise. Wiley Interdisciplinary Reviews: Cognitive Science, 1(3), 404-416.

창의적인 지식을 만들기 위한 인간의 암묵적 인지 영역을 확대하여 그 안에서 가장 합리적인 창의적 지식을 세밀하는 교육의 기회제공이 필요하다. 개인이 발견한 문제 속에서 개인적인 지식을 구성할 수 있도록 지원해야 하고, 구성된 지식이 타당한가를 지속적인 문제 해결을 통해서 검증해 보는 것이 필요하다. 이러한 문제 해결 학습은 당장 특정 지식을 습득했는지 여부를 알수는 없지만, 개인의 전문성을 향상시키는데 가장 핵심적인 학습 방법이다.

인공지능의 시대를 살아가기 위해서는 교육에서 이전과 다른 접근법을 필요로 한다. 일본의 시가대학교 다케무라 아키미치 교수는 인공지능 시대의 참된 인간을 육성하기 위한 방법은 문과 인과를 넘나드는 융합적 사고력을 강화할 수 있도록 지원하는 것이라고 말한다. 앞서 개인적 지식에 대해 언급했듯, 결국 지식을 융합은 개인의 스키마 안에서 일어나야 하고, 해결이 필요한 문제를 발견하는 것도 개인의 스키마 안에서 가능하다. 결국 개인의 특수한 재능 영역을 발견하고, 스스로 전문성을 키우도록 지원하고, 전문성이 고도화된 개인의 스키마 영역(영역 특수적 지식 영역)안에서 발현되는 인간의 창의성은 인공지능과 행복하게 공존할 수 있는 열쇠가 된다.

인공지능 르네상스로 만들어가는 미래

르네상스라는 새로운 시대가 밝아 오기 전 서로마제국은 쇠퇴의 길로 접어든 암흑의 시대였다. 1000년 동안의 중세는 신 중심의 시대이자 암흑의 시대였고, 인간의 개성과 창의성은 자유롭게 발현될 수 없었다. 르네상스 시대의 천재들은 예술의 본질, 인간의 본질을 구현하기 위해서 노력했다[15]. 인공지능 시대의 르네상스는 인간의 본질, 인간이 필요로 하는 것, 인간만이 가지고 있는 것, 그리고 인간이 표현하고 싶어왔던 것을 마음껏 표현하고 공유할 수 있는 초연결성에서 촉발되었다. 그리고 인간은 지금 인공지능이라는 도구를 활용하여 인지적 르네상스를 열어가고 있다.

요즘 유튜버가 꿈이라고 말하는 학생들이 많다. 그들에게는 유튜브라는 플랫폼에 어떤 콘텐츠를 담으며 즐길 것인가를 고민하도록 유도해야 한다. 자신의 콘텐츠를 생성하는 과정도 하나의 문제 해결 과정이기 때문이다. 최근 네이버 클로바에 동영상에 인공지능 기술을 더해 더빙하는 서비스가 출시되었다. 엔씨소프트는 야구 하이라이트를 편집하는 페이지 서비스도 운영하고 있다. 생활 속에서 인공지능 기술을 활용해 보고, 도전과 성취의 경험 기회를 제공하는 것은 학부모와 교사들이 할리 아이들에게 해줄 수 있는 인공지능 교육의 실천일 것이다.

다음 장부터는 우리보다 앞서 인공지능 교과서를 만들고 인공지능 교육 시스템을 적용하고 있는 중국의 사례를 살펴보고, 우리 학교와 가정에서 활용할 수 있는 인공지능에 대하여 탐색할 것이다. 그 과정에서 우리가 인공지능의 시대에서 살고 있었다는 사실을 새삼 깨닫게 될 것이며, 교육 현장에서 실천 가능한 다양한 인공지능 교육 아이디어를 얻을 수 있게 될 것이다.

15) 김상근(2010), 르네상스 창조경영, 경기 : 21세기 북스

중국의
인공 지능
교육

중국 인공지능 인재 양성의 시작 - 언제? 1980년?

　중국 인공지능 기술의 발전과 교육분야 확대는 정부 주도로 근 10년 이내에 집중적으로 이루어졌다. 중국은 1980년부터 인공지능에 대한 학술적 분야의 연구 개발에 집중하면서 동시에 인공지능 교육을 통한 인재양성을 준비해 왔다. 1981년 9월, 중국인공지능학회(Chinese Association for Artificial Intelligence:CAAI)가 설립되었고, 1982년 첫 인공지능 학술지"인공지능학보(人工智能学报)"가 출간되었다. 초대 인공지능학회 이사장은 국가핵심 프로젝트의 책임을 맡았던 Qin Yuanxun(秦元勋)이었다. 이렇게 중국은 인공지능 발전을 위해 50년 가량 공을 들여왔다.

　2006년 8월, 베이징에서 열린 "인공지능학과 탄생 50주년 경축" 포럼에서는 학술적 국제

교류 이외, 제1회 중국 인공지능 대 인간의 장기 대회가 열렸고 인공지능이 이겼다. 이후 지속적으로 인간을 능가하는 인공지능은 국가적 차원의 이슈로 자리매김했고 중국의 2016년 국가발전 전략으로 승화하였다. 따라서 2016년 이세돌과 알파고의 바둑 대국 결과가 인공지능의 승리로 끝난 것이 중국인의 입장에서는 당연한 것이었는지도 모른다. 규칙이 정해져 있고, 말의 이동 동선이 제한된 게임은 데이터가 축적될수록 인공지능이 인간보다 우월한 문제 해결력을 갖추게 된다. 중국에서 인공지능은 얼굴인식, 로봇 등 분야에서 이미 생산에 투입되어 현장에서 사용되고 있으며, 이번 신종 코로나바이러스에 관련된 치료제 탐색 등 분야에서도 인공지능이 활발히 사용되고 있다.

중국 인공지능 인재 양성 및 흡수정책

중국은 인공지능 강국으로 성장하기 위한 가장 핵심적인 기반이 인공지능 인재라고 생각했다. 이에 인재양성 및 확보를 위해 표면적인 개혁 개방을 추진하면서, 정부 주도로 많은 학생들을 미국, 영국, 한국, 일본에 유학 보냈다. 향후 인공지능 인적 자원을 해외에서 양성하여 중국 내부로 흡수하기 위한 준비 작업이었는지도 모른다. 이 뿐 아니다. 중국은 거대 자본력을 활용하여 해외에서 석학들, 산업체 기술자들을 중국 내부에 3년 이상 체류하게 하면서, 중국 내부의 산업을 일으키도록 하였다. 한 때 한국의 소프트웨어 분야 인재들이 높은 임금을 받고 중국에 3년 계약으로 취직하는 것이 유행처럼 번지기도 했던 것을 기억할 것이다. 중국의 인력 흡수는 정책의 일환이었고, 이들이 중국 내부에서 수행한 일들은 이제 그 수천배의 부가가치를 창출할 수 있는 기술이 되어 활용되어지고 있다.

안면인식 기술을 활용한 범죄자 소탕작전

중국의 정부차원의 노력에 대한 결실로 21세기 이후부터 인공지능 기술은 중국 사회적으로 확산되었고, 현재는 활성화 발전 단계에 진입하였다. 중국의 안면인식 기술은 세계 최대의 인구가 사용하는 스마트폰, 보안용 카메라 데이터를 활용하여 딥러닝하였다. 현재 동양인을 감별하는 기술로는 최고라고 평가받고 있다. 중국은 안면인식 기술을 적용하여 지명수배자들을 단기간에 소탕하는 쾌거를 이루기도 했다. 그 기술의 우수성을 알 수 있는 사례가 있는데, 중국 장시성 난창시에서 5만명이 운집한 홍콩 스타의 콘서트장에 보안카메라가 설치되었다. 인공지능은 보안카메라에서 얼굴을 인식하여 공안에게 경제 범죄자가 입장했음을 바로 알렸다. 결국 카메라에 포착된 경제사범은 콘서트가 시작하기 전 공안에게 체포되었다. 또한 상하이 메트로에서 2017년 도입한 인공지능 보안시스템은 3개월 동안 567명의 범인을 지하철에서만 검거하는데 성공했다[1]. 말레이시아 경찰도 이런 동양인 안면인식 기술이 탑재된 바디캠을 도입해서 실시간 얼굴 인식을 통해 범인 검거가 가능해졌다고 설명했다. 이렇게 안면인식 기술은 범죄자를 검거하는 데도 활용하지만, 범죄를 예방하는데도 유용하다는 사실이 알려지며 중국내 펀드의 지원도 강화되었다. 중국 최고 학술 펀드 국가자연과학펀드 중점 및 중대 프로젝트, 국가 고급기술연구발전계획 863계획[2](国家高技术研究发展计划, 863计划), 국가중점기초연구발전계획 973계획(国家重点基础研究发展计划, 973计划) 프로젝트, 공신부중대프로젝트(工信部重大项目) 등 각종 국가 펀드는 인공지능 전 영역에 대한 중국 국내외적인 투자를 증폭시켰다. 이렇게 중국은 인공지능과 관련된 대량의 다양한 지적 자산을 축적하게 되었다.

---

1) 13억 얼굴 3초 이내 인식, "빅브라더"중국의 무서운 AI 기술. [OL]. [18-04-21]. https://news.joins.com/article/print/22556103
2) 863계획, 973계획 등이 의미하는 것 - 국가전략적 수요에 있어서의 중대한 과학문제의 해결, 그리고 인류의 세계인식에 중요한 역할을 하는 첨단 기술 전략 분야에서 앞서 나가는 배치를 위한 기초 연구를 진행할 수 있게하는 국가적 차원의 전략이다

인공지능을 활용한 중국 교육 혁신

2016년에 중국은 인공지능을 국가 경쟁력, 국가안전과 관련되는 중요한 전략으로 재선언하고 발전시켜 왔다. 1980년부터 인공지능 발전 계획을 수립하고 진행해 왔던 중국은 2017년 7월, 인터넷, 빅데이터 및 인공지능을 실제 경제 활동에 깊이 융합하여 발전시키려는 목표를 세우기 위해 《차세대 인공지능 발전계획[3](新一代人工智能发展规划) Development Planning for a New Generation of Artificial Intelligence》을 발표했다. 주요 내용은 교육, 의료, 양로 등 민생수요에 기반한 인공지능 혁신이었다. 특히 중국 국민의 특징을 반영하고, 다원화된 고품질 서비스를 제공하는 데 인공지능을 활용해야 한다는 추진방향을 밝혔다. 일상생활에서 국민이 필요로 하는 곳에 인공지능을 활용해야 혁신의 에너지가 전 중국에 확산될 수 있다고 믿었기 때문이다. 이는 위로부터(Top-down)의 혁신이 아닌 아래로부터(Bottom-up)의 혁신을 추진하고자 하는 중국 정부의 의지가 담겨 있다. 또한 인공지능 기술을 기반으로 인재양성 방안의 발전을 가속화하여 스마트 기술을 활용한 인재육성 모델을 추진하고 교수법을 개혁하며, 스마트 학습, 서로 교류하고 협력하는 학습(교호식 학습, 交互式学习 interactive learning)을 포함한 새로운 교육학의 몸체 구축과 스마트 캠퍼스의 건설 등을 추진하고 있다. 추진과정에서 인공지능이 교육, 관리, 자원 개발 등 전 과정에서 응용되어야 한다고 명시하고 있다. 중국은 본래 강조하고 있던 STEM 교육에 더해 인공지능 교육을 진행하는 것이다.[4] 결국 중국의 인공지능 교육은 개념을 가르치고 배우는 지식영역에 더해 인공지능이 인간을 도와 사회시스템을 관리하고, 하나의 첨단 자원으로 인공지능을 활용하는 방향성이 명확하다는 점을 알 수 있다.

---

3) 国务院. 国务院关于印发新一代人工智能发展规划的通知[EB/OL]. [2018-06-29].
    www.gov.cn/zhengce/content/2017-07/20/content_5211996.htm.

4) Wei Xuefeng, Liu Yongbo, Qu Lijuan&Wang Xiaoyu(2018). Research on Idea and Teaching Application of Educational Evaluation Robot, China Educational Technology,12,25-53.

중국 인공지능 교육 혁신 연표

기간	주관기관 / 제목	내용	관련연구
1981년 9월	인공지능 학과 탄생	중국인공지능학회(CAAI) 설립이 학과의 설립을 의미	蔡自兴(2016), 中国人工智能40年发展简史, 科技导报, 34(15), 12-32.
2005	인공지능 전공 설립	2005년 베이징대학에서 인공지능과학과 기술 전공 개설을 시작으로 각 학교의 양성으로 30년이내 인공지능 석박사는 천명 단위로, 학부생은 만명 단위로 양성	蔡自兴(2016), 中国人工智能40年发展简史, 科技导报, 34(15), 12-32.
1990년대 부터	연구영역에서의 지원	중국 최고 학술 펀드 국가자연과학펀드 중점 및 중대 프로젝트에 인공지능 포함	蔡自兴(2016), 中国人工智能40年发展简史, 科技导报, 34(15), 12-32.
2014년 6월 9일	국가주석이 인공지능에 대해 강조	빅데이터, 클라우드 컴퓨팅, 인터넷 등이 로봇 등 새로운 과학기술과 융합 발전이 빨라지고 있는 지금, 전면적인 계획을 신속히 추진해야 한다고 언급	蔡自兴(2016), 中国人工智能40年发展简史, 科技导报, 34(15), 12-32.
2017년 7월	차세대 인공지능 발전계획	인터넷, 빅데이터 및 인공지능을 실제적 경제와 융합교육, 의료, 양로 등 민생수요에 기반한 인공지능의 혁신	国务院. 国务院关于印发新一代人工智能发展规划的通知[EB/OL].[2018-06-29].www.gov.cn/zhengce/content/2017-07/20/content_5211996.htm.
2017년	중국공산당 중앙 국무원의 차세대 교사진 건설 개혁 전면 심화	교사들이 주도적으로 기술, 인공지능 등 새로운 첨단 기술에 적응하고 적극적으로 과학과 교육이 융합된 교육방식을 취할 수 있게 지원	新华社. 中共中央国务院关于全面深化新时代教师队伍建设改革的意见[OL]. [18-01-31]. http://www.gov.cn/xinwen/2018-01/31/content_5262659.htm

2018년	중국교육부 고등교육기관 인공지능혁신 행동계획(高等学校人工智能创新行动计划)	차세대 인공지능의 새로운 발전에 대한 육성 방향성을 제시하고 인공 지능 분야의 학과 교차와 융합형 인재 양성 추진	Ministry of Education of the People's Republic of China (2018). Notice on Printing and Distributing "AI innovation action plan of colleges and universities". Retrieved from [EB/OL]. [2018 -06 -29] http://www. moe.gov.cn/srcsite/ A16/s7062/201804/ t20180410_332722 .html
2018-2022년	교사교육진흥 행동계획	클라우드, 빅 데이터, 가상현실, 인공지능 등의 신기술을 활용해 교사교육 정보화 교육서비스 플랫폼의 건설, 활용을 추진	教育部, 国家发展改革委, 财政部, 等. 教育部等五部门关于印发《教师教育振兴行动计划（2018-2022 年)》的通知[OL]. http://www.gov. cn/xinwen/2018-03/28/ content_5278034.htm

학습자 중심 인공지능 교육시스템 구축

인공지능이 빅데이터를 활용하여 딥러닝 한다는 사실은 이제 상식적인 이야기가 되었다. 한국은 개인정보보호법에 따라 데이터 수집에 어려움을 겪고 있지만, 중국은 개인정보를 데이터화 하는데 대한 규제가 덜하다. 이러한 정책은 인공지능 교육 시스템이 개인 맞춤 형으로 발전할 수 있는 토대를 제공한다. 학생 개인의 히스토리 관리, 추적, 빅데이터 자원 의 수집을 쉽게 하여 장기적으로는 학습자가 로그인 한 상태에서 학습자에게 맞는 학습 활동을 추적하고, 즉각적인 피드백을 교수자와 주고받을 수 있는 환경을 구축할 수 있게 되는 토대가 되는 것이다. 이에 중국 인공지능 교과서는 텍스트 뿐 아니라, 학생, 교사, 연구 개발자 관리 시스템을 포함하는 온라인 스마트 교육환경이 포함되어 판매되고 있다. 전 세계에서 활용 가능한 이 시스템은 지속적으로 사용자들의 데이터를 수집하며

[그림1] 인공지능 수업
https://baijiahao.baidu.com/s?id=1625909171468112288&wfr=spider&for=pc

진화할 수 있어, 개인에게 정확한 교육서비스를 제공할 수 있는 시스템의 표준이 되고 있다. 중국은 학습자들에게서 수집한 빅데이터를 토대로 가상 환경속에서 학생 하나하나를 관리하고, 응대하는 것이 중요하다고 판단하고 있다. 이는 1997년 미국교육심리학회에서 제창된 "학습자 중심 교육과정"의 발전 맥락과도 일치한다.

인공지능 교실 관리감독과 교사조력
- CCS 교실케어시스템

현재 중국에서 인공지능 기술은 교실 관리감독과 교사의 조력자로 활용되고 있다. 예를 들어, 2017년 개발되어 출시된 "CCS 교실케어시스템[5](Classroom Care System: 이하 CCS)"은 아직도 수정 보완 중에 있으나 2017년 하반기부터 광저우, 베이징 등 초·중등학교에서 사용되고 있다. CCS와 같은 빅데이터와 딥러닝 기술의 발달은 교실에 설치된 카메라

5) 成都晚报. 人工智能进入中小学课堂? 网友: 比班主任还可怕, 幸好毕业得早[OL]. [18-09-08]. https://baijiahao.baidu.com/s?id=1611027655051787736&wfr=spider&for=pc

CCS (Classroom Care System) 인공지능관리시스템

상세 보고서

<

발표일시 : 2017/09/19

통계주기 : 2017/09/19 - 2017/09/19

주기 내 주요 수업 차시: 4차시   시간 : 160분

상세 데이터

과목	차수	시간	집중 (%)	글쓰기 (%)	대답 (次)	졸기 (%)	비수면상태 (%)
정치	1	40	99.18	0.82	0	0	0
물리	1	40	97.55	2.18	0	0	0.27
영어	1	40	84.74	11.3	1	0	3.96
수학	1	40	95.22	4.04	0	0	0.75
			94.08	4.65	1	0	1.27

데이터 분석

학년 평균치 개인 실제치   단위(%)

- 집중시간
- 쓰기시간
- 졸린 시간
- 비학습상태

0   20   40   60   80   100

학년 평균치 개인 실제치   단위(%)

- 대답차수

데이터에 의하면: 이번 주, 모모 학생은 94.08%의 시간동안 집중상태였고 이는 학년평균치 84.64%보다 현저히 높다. 4.65% 시간동안 쓰기를 진행하였으며 이는 학년평균치 10.57%보다 많이 낮다. 0% 시간동안 졸았기에 수업시간에 졸린적은 없이 상태가 아주 좋다. 수업시간에 총 1번 대답하였고 이는 가끔씩 수업질문에 참여한 수준이다.

개인득점: 59.8점   학급평균점수: 59.28점   학년평균점수:57.12점

를 통해 학생들에 대한 데이터를 수집, 분석하고, 학습 결과에 대한 정보를 제공하게 되었다. CCS는 학생의 집중도, 쓰기 능력, 질문과 대답, 수업 태도, 딴짓기 여부 등을 작성하여 5일 내의 학교 생활을 학교, 교사 및 학부모에게 보내준다. 본 시스템을 사용한 모 학교의 교장은 시스템의 결과는 교사가 관찰한 결과와 기본적으로 같다며 CCS를 평가하였다. 현재 CCS는 20-30명 구성 학급에 적합하고, 40명 이상의 학생을 관찰하기에는 무리가 있다. 중국에서는 CCS와 같은 관리감독 인공지능 기술들이 대학교를 포함한 전체 학생들을 대상으로 출석, 정서, 수업 참여도 등을 체크할 수 있도록 다양하게 개발하기 위한 현장 베타 테스트를 진행 중이다. 이렇게 인공지능 기술로 인해 학생 관리가 쉬워 졌다고 긍정적으로 평가하는 사람들도 있지만 교사와 학생들의 인권과 프라이버시가 보장되지 못하고 학생들의 스트레스를 증가시키고 있다는 목소리[6]도 나오고 있다.

다학제간 융합 인재 양성

2018년 중국 교육부에서는 '고등교육기관 인공지능혁신 행동계획[7](高等学校人工智能创新行动计划)'을 통해 차세대 인공지능의 새로운 발전에 대한 육성 방향성을 제시하고 인공지능 분야의 학과 교차와 융합형 인재 양성을 추진하였다(Ministry of Education of the People's Republic of China ,2018) . 국무원은 '중국공산당 중앙 국무원의 차세대 교사진 발전 개혁 전면 심화에 관한 의견[8](中共中央国务院关于全面深化新时代教师队伍建设改革的

---

6) "人脸识别" 又在搞什么事情! AI技术进课堂、监视学生, 靠谱吗? [OL]. [19-09-05]. http://www.sohu.com/a/339039189_1200 55722

7) Ministry of Education of the People's Republic of China, Notice on Printing and Distributing "AI innovation ac tion plan of colleges and universities". Retrieved from [EB/OL]. [18 -06 -29]. http://www.moe.gov.cn/srcsite/A16/ s7062/201804/t20180410_332722.html

8) 新华社. 中共中央国务院关于全面深化新时代教师队伍建设改革的意见[OL]. [18 -01 -31]. http://www.gov.cn/xinwen/2018-01/ 31/content_5262659.htm

意见)'을 내놓고 교사들이 주도적으로 기술이나 인공지능 등 새로운 첨단 기술에 적응하고 적극적으로 과학과 교육이 융합된 교육방식을 취할 수 있게 지원하도록 하였다. '의견' 중에는 교사의 교육을 대대적으로 진흥하여, 끊임없이 교사의 전문 자질 능력을 향상시켜야 한다는 요구사항이 포함되어 있다. 구체적으로는 사범대학들에 대한 재정적 지원을 늘리고 높은 수준의 종합대학에서의 교사교육을 지지하며 유치원, 초중등학교, 대학교의 교사자질을 향상시켜 전문성이 높은 교사진을 구성하여야 한다고 요구하였다. 또한 차세대 교사양성을 위해 기존의 임명, 진입장벽, 평가제도 등 교사관리체제를 혁신하는 동시에, 교사들의 사회적 지위를 높여 사람들이 부러워 하는 직업이 될 수 있도록 노력하였다. 이를 실현하는 과정에 "교사교육진흥행동계획(2018-2022년)[9](教师教育振兴行动计划(2018-2022 年))" 등 정책을 발표하여 클라우드, 빅 데이터, 가상현실, 인공지능 등의 신기술을 활용해 교사교육 정보화 교육서비스 플랫폼의 건설, 활용을 추진하고 진일보 주도적, 협력적 및 탐구가 위주인 교수 방식의 변화를 추진해야 한다고 명시하였다. 현재 중앙 정부의 정책과 방침에 따라 각 지방 정부는 자신의 현황에 맞는 실행 계획을 수립하고 실천하고 있다. 장수성은 "교사교육개혁행동계획(2018-2022년)"을, 광둥성은 "새로운 사범'건설실시방안"을, 허베이성은 "교사교육진흥행동계획(2018-2022년)"을 수립하는 형식으로 중앙정부의 호소에 응하고 있다. 구체적으로 푸젠성 같은 경우는 사범전공에 50%의 공급을 더 배정하였고 지린성, 헤이룽장성 등은 교육학 석박사 부여자격을 배정할 때 사범대학을 우선 고려하였으며 저장성은 "교사양성경비보장제도"까지 출시하였다. 이러한 변화에 대해 화중사범대학 당위서기 Huang Xiaojiu는 중앙정부의 방침을 바탕으로 중국 교사교육 특색에 맞게 차세대 국가 발전에 부합하는 고품질 교사교육 요구를 만족시키고 있다고 평가하였다.

또한 "중국공산당 중앙 국무원의 차세대 교사진 건설 개혁 전면 심화에 관한 의견"을 바탕

---

9) 教育部, 国家发展改革委, 财政部, 等. 教育部等五部门关于印发《教师教育振兴行动计划(2018-2022 年)》的通 知[OL]. [18.03.28]. http://www.gov.cn/xinwen/2018-03/28/content_5278034.htm

으로 중국 정부는 시골에 있는 교사들의 양성을 추진하기 위하여 2018년 7,713억 위안을 투자하여 8만개 학교와 127만명 교사들을 지원하였을 뿐만 아니라 교사의 소양, 직업적 전문성 등을 높이기 위해 우수한 교사는 국가명예칭호를, 과실이 있는 교사들에게는 처벌을 하는 각종 규제를 지정하여 실행하고 있다. 그리고 교사들의 행복감과 영예감을 높이기 위해 교사들의 월급을 공무원들의 평균 월급 수준보다 낮지 않게 보장하고 국가급 교수성과상을 1355개 설정하였다. 칭하이시 같은 경우 우수교사로 선정된 교사는 비행장, 기차역 등 공공 장소에서 녹색통로(onestop service 같은 개념)를 이용할수 있고 전국 관광지의 입장권을 50% 할인 받을 수 있게 배려하였다. 이렇게 매 해마다 중국은 구체적인 혁신안을 수립하면서, 교육개혁의 주체를 현장의 교사로 보고 교사교육을 혁신하고, 탐구 중심의 교수법을 전파하는 방법으로 교육현장에서 미래를 준비하고 있다. 게다가 2019년 교육부 장관은 "지능교육전략연구포럼(智能教育战略研究研讨会)"[10]에서 현재 중국 대학교에서는 인공지능학과의 개설과 인재 양성에 힘쓰고 있다고 하면서 현재 발전 상황을 매우 긍정적으로 평가하였다. 교사들을 양성하고, 교육을 인공지능 중심으로 혁신하는데서 더 나아가, 대학에서 교사들의 전문성을 신장시킬 수 있는 학과 개설을 추진할 수 있을 것이다. 오랜기간 인공지능 연구와 교육에 투자한 중국마저도 현재 인공지능 분야 인재가 부족하다고 판단하고 있다. 국가가 인공지능 발전을 위해 필요로 하는 인재의 숫자에 미치치 못해, 정부차원에서 앞으로 인공지능 교육의 발전에 박차를 가해야 한다고 강조하였다. 또한 인공지능 등 차세대 첨단기술이 교육에 기여할 수 있는 추진체로써의 역할을 해야 한다고 명시하였다. 학습자, 교수자, 학부모, 교육 연구자들의 데이터 분석 결과들을 더 적극적으로 교육 혁신에 활용한다는 정부의 의도가 담겨 있다. 인공지능의 활용 영역은 무궁무진하며, 앞선 소프트웨어 기술과, 관련 인재들이 인공지능 사업에 뛰어들어 서비스를 개발하고 빅데이터를 축적하여 기업 가치를 높일 수 있는 기회는 열려있다.

---

10) 教育部. 国家发展改革委. 财政部. 等. 教育部等五部门关于印发《教师教育振兴行动计划(2018-2022 年)》的通知[OL]. [18.03.28].
http://www.gov.cn/xinwen/2018-03/28/content_5278034.htm

중국의 인공지능 교육 현황

현재 중국에는 2018년 4월 화동사범대학교출판사에서 고등학교 학생을 대상으로 최초로 개발한 "인공지능기초(고등학교)[11](人工智能基础(高中版))"로부터 유치원부터 초등, 중등, 고등학교는 물론 전문가 과정까지 시리즈로 개발한 "인공지능실험교재(人工智能实验教材)" 등 여러가지 교과서가 나와 있다. 위와 같은 교재들은 주로 대학교 교수자, 연구기관 및 기업 전문가 들의 협업으로 개발되고 있다.

중국 정부에서 인공지능 교육에 대한 요구에 따라 중국 각 성시에서는 "차세대인공지능발전계획(新一代人工智能发展规划 Development Planning for a New Generation of Artificial Intelligence)"의 관련 요구에 따라 대학교는 물론 초, 중, 고등학교에서까지 실험센터를 선별하여 인공지능

[그림2] STEAM수업에서 인공지능 공부
https://baijiahao.baidu.com/s?id=1641810266212615337&wfr=spider&for=pc

교육의 실현을 가속화 하고 있다. 베이징, 상하이, 광저우 등 일선도시는 물론 시안, 우한 등에서도 인공지능교육의 실천에 발벗고 나섰다. 중국 IT의 중심 선전시[12]를 예를 들어 볼 때 2019년 4월에 교육부에서 출시한 "초·중등학교 인공지능교육장비 준비 방안"과. "초·중등학교 인공지능 커리큘럼 가이드"에 따라 인공지능 장비와 교자재를 준비하고 전 시에서 공립, 사립 초중등학교를 대상으로 100개의 학교를 선출하여 인공지능 교육을 실천하고자 한다는 공문을 발표하였다. 교재는 전국적으로 통일 사용할 인민출판사에서 출판한 "인공지능"

---

11) 人民网-上海频道普及AI教育 首部《人工智能基础（高中版）》教材发布 [OL]. [18.04. 28].
　　http://sh.people.com.cn/n2/2018/0428/c134768-31520451.html
12) 关于遴选学校参与 "中小学人工智能教育项目" 实验工作的通知[EB/OL]. [19.07.10].
　　http://www.sz.gov.cn/jyj/home/jyfw/fwjs/jyjxgg/201907/t20190710_18045113.htm

을 사용할 예정이고 이 교재는 초등학교 3-6학년 및 중학교 7-8학년 대상으로 개발되었다. 인공지능 교육 요구시항에서는 매주 1번의 수업을 보장하여야 하며 1-3명의 최우수 교사가 교육에 참여하여야 한다고 명시하였다. 또한 교사들은 수업기록을 성실히 하고 수업에 대한 의견과 교재가 제시한 판례에 대한 수정 의견을 제출하여 인공지능교육의 발전에 기여하도록 시스템화 하였다. 이외 많은 중국의 성시에서도 선전시와 같이 적극적인 인공지능 교육 실천에 나서고 있다. 국가적인 통일 교재교구를 사용하는 인공지능 교육은 2019년 하반기에 시작되었으나 사실 많은 학교에서는 자체적인 커리큘럼을 사용하여 STEM, 메이커, 인공지능 교육을 진행해 왔다. 광저우시와 같은 경우는 "광저우시 초중등학교 과학기술실천교재(广州市中小学科技实践教材)[13]"를 통해 시행하였고 베이징[14]과 상하이 같은 경우에는 기존에 시중에서 팔리고 있는 교재나 교사가 기존 교재와 자신의 경험을 바탕으로 설계한 교육들을 진행해 왔다.

2004년 6월 교과서 "인공지능초보(人工智能初步)"의 발행을 시작으로 고등학교 같은 경우도 초중등 학교와 마찬가지고 국가적 교육방침에 따라 정규 혹은 비정규 과목으로 인공지능을 가르친 것으로 조사되었다. 사용하는 교재 및 커리큘럼에 대한 분석은 어렵지만, 대학을 포함한 중국의 모든 학교에서 인공지능교육에 대한 열정과 양질의 교육을 위해 지금까지 준비해온 노력들은 곧 빛을 발할 것으로 보인다.

13) 广州日报. 学AI从娃娃抓起 本土教材来了![OL]. [19.02.19].
     https://baijiahao.baidu.com/s?id=1625909171468112288&wfr=spider&for=pc
14) 新京报. 《小学人工智能》教学用书发布[OL]. [19.06.03].
     https://baijiahao.baidu.com/s?id=1635254701016487045&wfr=spider&for=pc

중국의 공식 인공지능 교과서 개발과 수출

현재 공식적으로 의무교육에 사용되고 있는 교과서 "인공지능"은 3학년부터 8학년까지 초중등학생을 대상으로 인공지능 통식(人工智能通识), 인공지능 응용(人工智能应用), 인공지능 코딩(人工智能编程), 인공지능 로봇개발(智能机器人开发) 4개 모듈로 구성되었고 초등학교 3학년부터 얼굴인식 등에 대해 공부한다.

인공지능 통식 부분은 인공지능 알기(3학년), 튜링테스트(The Turing test)(4학년), IOT 알기(5학년), 인공지능의 역사(6학년), 인공지능의 응용(7학년), 인공지능의 우세와 제한점(8학년) 으로 구성되었다. 인공지능 응용 부분은 음성인식, 얼굴인식(3학년), 스마트서칭엔진, 의사결정나무(4학년), 스마트 가구, 스마트 농업생산(5학년), 자율주행, 증강현실(6학년), 데이터, 지능창작, 사람인식(7학년), 바둑고수, 스마트 집사, 무인슈퍼(8학년)로 구성되었다.

인공지능 코딩부분은 도형화 코딩알기, 소스 코드 편집기 페이지(3학년), 음성식별, 음성합성기술(4학년), 음성 가전컨트롤, 스마트 가전 조절(5학년), 스마트 신호등(컴퓨터 모의, 6학년), 문예창작(데이터베이스, 7학년), 초보적으로 인공지능을 활용하여 일상생활 문제해결의식 양성(8학년)으로 구성되었다.

마지막으로 인공지능 로봇 개발은 얼굴인식(로봇 알기, 3학년), 이동식 로봇(바퀴식, 다리식, 무한궤도식, 4학년), 스마트 물주기 시스템(5학년), 은둔로봇(회도센서, 6학년), 구원로봇(7학년), 변형로봇(8학년)으로 구성되었다.

중국 인공지능 교과서는 주로 설계형 교육방식을 채택하고 있다. 수업은 실제 관찰 방식으로 이루어지며, 상황설정 방식, 프로젝트 기반 학습 방식 등이 주로 사용되고 있다.

현재 상하이 등 일부 지역에서 고등학생 대상으로 사용하고 있는 교과서는 "인공지능기

	3학년	4학년	5학년	6학년	7학년	8학년
인공 지능 통식	인공지능 알기	튜링테스트	IOT 알기	인공지능의 역사	인공지능의 응용	인공지능의 우세와 제한점
인공 지능 응용	음성인식, 얼굴인식	스마트서칭 엔진, 의사결정나무	스마트 가구, 스마트 농업 생산	자율주행, 증강현실	데이터, 지능 창작, 사람 인식	바둑고수, 스마트 집사, 무인슈퍼
인공 지능 코딩	도형화 코딩 알기, 소스 코드 편집기 페이지	음석식별, 음성합성 기술	음성 가전 컨트롤, 스마트 가전 조절	스마트 신호등	문예창작	초보적으로 인공지능을 활용하여 일 상생활 문 제해결의식 양성
인공 지능 로봇 개발	얼굴인식 (로봇)	이동식 로봇	스마트 물주기 시스템	은둔로봇	구원로봇	변형로봇

[표1] 인공지능 교과서(인민출판사) 학년별 구성

초(고등학교)[15]"이다. 총 9개 장절로 구성되었고 구체적으로 사진인식, 음성인식, 영상인식, 컴퓨터 글쓰기와 딥러닝 등 인공지능 기술의 원리와 응용장면을 각각 소개했고, 과학기술 콘텐츠와 사례를 많이 도입해 학습과 이해를 용이하게 하고, 개념원리에 대한 침투 학습에 치중했다. 아직 국내 인공지능 교육의 교수진 구축이 필요한 점을 감안해 교재 개발 주최(화동사범대학교, SenseTime)에서는 "인공지능교사연수반(人工智能教师研修班)"을 열어 핵심교사를 배양하고 핵심교사가 교사들을 양성하는 방식으로 인공지능 교수진의 전문적 지식 부족에 대한 어려움을 해결하며 끊임없이 도전하고 있다.

15) 人民网-上海频道. 普及AI教育 首部《人工智能基础》(高中版) 教材发布[OL]. [18. 04. 28].
     http://sh.people.com.cn/n2/2018/0428/c134768-31520451.html

이 외에도 학교에서 사용되고 있는, 혹은 교사들이 참고하고 있는 인공지능 관련 교과서들이 있다. 그중에서도 허난인민출판사(河南人民出版社)와 HaoZhiHui 교육과학기술회사(好学智慧教育科技)에서 연합 개발한 "인공지능실험교재(人工智能实验教材)[16]"같은 경우는 유치원부터 성인까지를 대상으로 하는 개방된 인공지능 교과서 시리즈이다. 현재 캐나다 출판사(KF Times Group Ltd.)와 연합해 영어버전을 출판하여 곧 러시아, 일본, 미국, 오스트레일리아, 폴란드, 스페인, 태국, 아랍에미리트 등에 배급하여 세계적인 수출을 기획 및 추진하고 있다.

다양한 인공지능 교과서의 발전

이미 개발 및 사용되고 있는 인공지능 교과서 외에, 다양한 교과서들이 개발 및 출판을 앞두고 있다. 예를 들어, Turing Award 수상자, 중국과학기술원 원사, 칭화대학교 교차정보연구원원장 Yao Qi ming의 주도하에 고등학생 대상으로 칭화대학교출판사에서 2020년 9월에 출판 예정인 "인공지능(고등학교)[17]"는 수많은 사람들의 기대를 한 몸에 받고 있다. 검색, 기계 학습, 선형 회귀, 의사결정나무, 신경 네트워크, 컴퓨터 시각, 자연 언어 처리 및 강화 학습 등 8개 부분으로 구성된 위 교과서는 인공지능 핵심기초와 원리를 기반으로 학생들이 학습 및 실천하는 과정에서 과학적인 방법으로 사고하는 방식을 개발하여 인공지능시대를 준비할 수 있게 교육할 예정이다.

---

16) 人民网. 中国的人工智能实验教材将推向全球[OL]. [19.09.07].
   https://baijiahao.baidu.com/s?id=1644000007321483616&wfr=spider&for=pc
17) 央广网. 9月推出面向高中生的人工智能教材[OL]. [20.01.08].
   https://baijiahao.baidu.com/s?id=1655130718567847949&wfr=spider&for=pc

일부 학자들[18]은 현재 중국에서 개발된 인공지능 교과서들은 기초적인 지식과 현실적인 응용에서 구색을 갖춰가고 있지만 교재의 목표, 수업 방식, 평가 기재 등 면에서 더 보완이 되어야 한다고 주장한다. 교재는 아직 창의적인 인재의 양성에 대한 목표성이 떨어지고, 현 시대에 사용되고 있는 인공지능 기술과 동시화 되고 있지 못하며, 평가 기재가 다양하지 못하다고 지적하였다. 향후 교재의 보완에 있어 현장에 있는 교사들의 의견을 부단히 반영해야 하고, 학생들의 컴퓨팅사고력의 디지털화 학습 및 창의성 양성에 주의해야 하며 K12 교육에서의 연관성을 보장하여야 한다고 주장하였다.

또한 Zhao, Wang[19] 은 현재 출시 된 k-12인공지능 교과서들을 분석해 보았을 때 유치원과 초등학교에서는 일상생활에 중요한 부분의 사례를 중심으로 추상적 개념을 구체화 하여 학생들이 인공지능을 알아갈 수 있게 설계되었고, 중학교부터는 코딩이 주요부분으로 코딩을 인공지능을 체험하고 개발하고 이해하는 교량의 역할로 사용하였으며, 고등학교에서는 코딩의 심화와 로봇교육이 시작되어 융합 교육으로 진행되고 있다고 평가하였다. 수업방식의 경우 전과정의 교과서에서 감각과 체험을 강조하며, 학과간의 융합을 지향한다. 그러나 아직 중국에서 초기 단계에 있는 인공지능 교육과정과 교과서는 k12 전과정의 통일된 개념과 교육방침의 구체화가 필요하다고 주장하였다.

18) Zhao Huichen&Zhang Nayu, Yan Kele& Liang Meng (2019). The Characteristics, Reflection and Improvement of High School Artificial Intelligence Textbooks. Modern Educational Technology. 29(11), 12-18.
19) Zhao Shaojin, Wang Fan (2019). The Logical Thinking of K-12 Artificial Intelligence Education: The Path of Student Wisdom Generation ——Comment on the Teaching Materials of K-12 Artificial Intelligence. Modern Educational Technology. 4, 12-18.

"AI 좋은 선생님" 전체 구조도

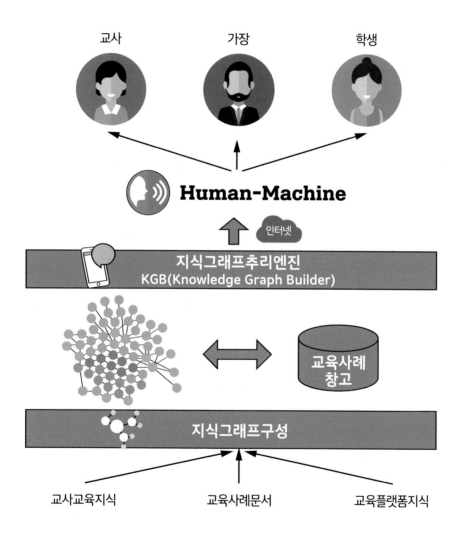

중국의 인공지능 첨단 교실 - "AI 좋은 선생님(AI好老师)"

현재 인공지능 기술이 나날이 발전하고 국가가 각종 정책과 재정적 지원으로 인공지능과 교육의 융합을 추진한 결과, 중국 교육 현장에서는 다양한 인공지능 교실이 만들어 지고 있다. Yu Shengquan[20] 등은 교육지식그래프에 기초한 개성화 교육서포트 시스템인 "AI 좋은 선생님(AI好老师)"을 개발하여 교육문제의 상황적 해결, 교육지식에 대한 개성화 인도(个性化指导), 교육지식구조화(育人知识结构化组织), 교육사례지능화추리(育人案例智能化推理) 등을 통해 교사들이 인공지능 교육을 할 수 있도록 도움을 주고 있다.

"AI 좋은 선생님(AI好老师)"은 교육학, 심리학, 사회학, 생리학 등을 기초로 육아 중의 교사, 가장들의 문제해결을 위해 개개인의 특성에 맞는 해결방안을 제시할 수 있다. 이 시스템은 우선 중국 국내 우수한 교육사례 데이터, 중국 좋은 선생님 인터넷 플랫폼 데이터, 우수 교사 인터뷰 데이터 등 10만개 이상의 사례로 교육사례 창고를 구성하였다. 위의 데이터들은 전문가들의 선별과 교정을 거친 사례로써 대표성과 효과성을 동시에 확보하고 있다. 또한 이 시스템은 서비스를 진행하는 동시에 사용자들의 데이터를 수집하는 방식으로 사례데이터를 강화하고 있다.

교사들의 삶의 질 향상에 기여하는 "AI 좋은 선생님"

이와 같이 "AI 좋은 선생님"은 교사들의 좋은 협력자이자 부모들의 전문지도자이자 학생들의 자가진단 컨설턴트가 되어줄 수 있다. 저자들은 사람과 머신이 공동 육아를 진행하는

---

20) Yu Shengquan, Peng Yan & Lu Yu (2019). An Artificial Intelligence Assistant System for Educating People: The Structure and Function of "AI Educator". Open Education Research,25(1), 25-36.

"AI 좋은 선생님 활용화면 "

[그림2] 육아 문제 상황

[그림3] 해결방안제시

시대가 시작되고 있고, 현재 "AI 좋은 선생님"과 같은 인공지능 기술은 우수한 사례들을 통해 교사들이 교육을 진행함에 있어 참고할 수 있는 정보를 제공해주고, 교육적 가치를 높인다고 시스템은 주장하였다. 교사들의 책임과 부담을 줄여주고 전문성을 제고하는데 도움이 된다. 동시에, 교사 역시 인공지능을 사용하는 과정에서 우수한 다른 교사들을 만날 수 있고 함께 소통하며 정보를 교환하는 과정에서 좋은 사례와 교육방법에 대한 의견을 보충하여 상호 협력할 수 있다. 따라서 "AI 좋은 선생님"은 인공지능 교육 뿐 아니라 교사들의 전체적인 질의 향상에 기여할 수 있다.

Wang Shichong[21]등은 미래의 교육은 "사람과 기계의 협력 교육(인기협동교육)으로서 교사와 인공지능이 각자의 장점을 발휘하여 학생들의 개성 있는 발전을 촉진시킬 수 있다"고 주장하였다. 인공지능 교실을 배경으로 클라우드 컴퓨팅 플랫폼, 빅데이터 플랫폼과 edge 컴퓨팅 플랫폼은 '두교사강의실' 환경을 구축할 수 있다. 강의실은 교사와 학생 두개의 주체에서 교사, 인공지능, 학생을 주최로 확장되었다. 이것이 교육 안에 인공지능이 포함되는 기본적인 틀이 된다. 수업 형식은 인공지능 로봇이 교사와 공동으로 수업을 진행하기, 인공지능 로봇이 교사의 역할을 분담하기와 인공지능로봇이 학생들을 위해 개별화 교육서비스 제공하기로 구성되었다.

인공지능을 활용한 "두교사강의실(双师课堂)" - 교사 보조 시스템

인공지능을 활용한 "두교사강의실"과 전통적인 교수설계는 아래와 같은 차이가 있다. 우선, 교육내용적 측면에서, 전자는 교사가 인공지능과 협력하여 종합적으로 다양한 교재를 바탕으로 수업 내용을 구성할 수 있지만, 후자는 단일한 교재 내용과 자신의 경험을 바탕으로 수업을 구성한다. 그리고 학습자에 대해 전자는 반 학생 전체를 대상으로 장점과 단점을 평가하고 교사에게 제시하는 방식으로 교사가 많은 학생들을 더 정확하게 관리하고 파악할 수 있게 한다. 그러나 후자는 학생들의 학습성적과 자신의 주관적인 인지로 학생에 대해 평가를 진행한다. 학생 협력적 측면에서는 전자는 학생들이 자신, 학우, 인공지능, 교사와 협

---

21) Wang Shichong, Fang Haiguang, Zhang Ge & Ma Tao(2019), Research on the New "Double Teacher Classroom" Supported by Artificial Intelligence Educational Robots:Discuss about "Human-machine Collaboration" Instructional Design and Future Expectation, Journal of Distance Education,2, 25-32.

력할 수 있게 환경을 구성할 수 있지만 후자는 주로 학생들 사이의 협력과 교사의 질문에 대한 답변의 형식으로 주로 소통을 진행한다. 그러나 인공지능과의 협력 교수법이 전면적으로 현장에서 사용되려면 아직 교사들이 인공지능에 익숙해져야 하고 학생들도 기계와 사람의 협동 의식과 능력이 양성되어야 하며 인공지능의 교육적 측면에서의 기술적인 발전과 콘텐츠의 축적이 계속되어야 한다.

교사의 조력자 – 작문지도 보조 인공지능

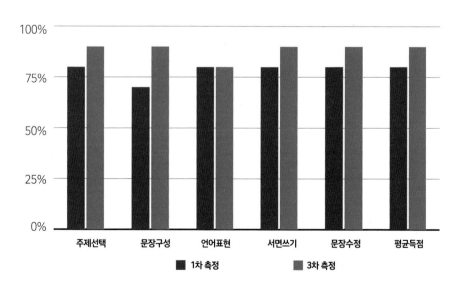

작문지도 AI – 실험집단 1차, 3차 득점비율 비교

작문지도 AI - 학생 개체 분석 사례

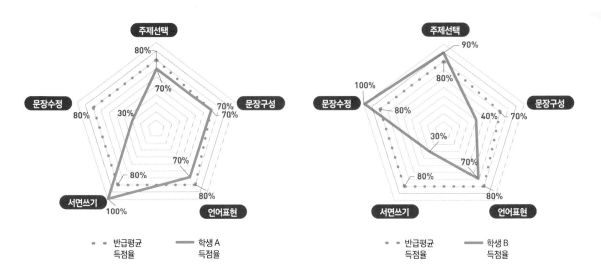

작문지도 AI - 반급작문평균점수

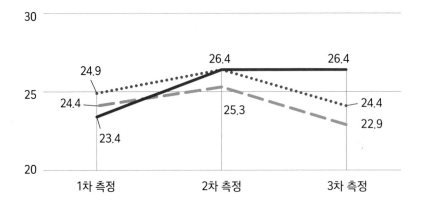

초등학생들의 작문 지도 보조 시스템[22]으로 개발된 인공지능도 있다. 교사가 학생들의 습작에 대해 평가하고 지도한 데이터를 바탕으로 만들어진 이 시스템은 빠른 시간 내에 시스템에 도입된 작문들을 주제, 구조, 표현, 철자 정확도 등을 기준으로 분석한 뒤 수정의견까지 교사가 참고할 수 있게 제시한다. 인공지능시스템의 교사 보조역할 수행 효과를 1개월 단위로 분석한 결과 학생들의 습작능력 제고에 긍정적인 영향을 미치는 것으로 나타났다.

가상현실과 중국문화 융합 인공지능

가상현실과 중국문화를 융합한 습작에 도움을 주는 인공지능도 있다. 창작은 영감을 필요로 한다. 그러나 평소에 모든 곳에 가볼 수 없고 모든 것을 경험할 수는 없다. 이 문제를 완화하기 위해 개발된 가상현실 인공지능 습작 도우미[23]는 학생들에게 중국의 명소 "만리장성"을 주제로 교육을 진행하였다. 수업에서 학생들은 만리장성 가상현실속에서 각 지점에 따른 우수 작문 사례를 공부한다. 그리고 자신이 본 만리장성과 우수사례를 공부한 지식을 바탕으로 자신의 주제를 정하고 습작을 완성한다. 본 시스템에 대해 효과검증을 진행한 결과, 학생들의 실물적합도, 작문완성도, 표현력, 창의력이 모두 유의미하게 상승하였다. 이러한 결과를 바탕으로 저자들은 첨단기술의 교육현장에서의 활용을 적극 발전시켜 더 많은 컨텐츠와 기술이 개발되어 학생들의 학습 동기와 능력을 양성하여야 한다고 촉구하였다.

22) Huang Tao,Gong Meijie, Yang Huali,Wang Han & Zhang Chenchen(2020). Research on Chinese Writing Teaching in Primary School Supported by Human-machine Collaboration. e-education research,2, 108-114.
23) Yang Gang, Qiu Chuangxie, Zheng Xiaoli & Chen Feifan(2020). An Empirical Study on Learning Motivation and Writing Achievement Based on Virtual Panorama Learning. e-education research,91-98+121.

문제해결 프로그램에 활용하는 인공지능

 4차산업혁명시대에 접어들어 창의성 교육에 대한 이슈들이 대두되면서 일상생활 중의 문제를 발견하고 해결하는 능력을 미래 사회 인재의 필수적 소양으로 여기고 있다. 인공지능은 학생들의 문제해결능력 개발에 이미 적용하고 있다. Zhu Long, Fu Daoming(2020)[24]은 이론을 중심으로 문헌분석, 사례분석 및 수업관찰 등을 통해 수업 전, 수업 중, 수업 후에 대한 문제해결 프롬프트를 구성하여 초등학생들의 문제해결능력을 양성할 수 있는 인공지능을 개발하였다. 우선, 수업 전에는 PER 문제프롬프트집합 - Procedural Prompt, Elaboration Prompt, Reflection Prompt을 사용하여 학생들이 수업 중에 배울 개념 등에 대해 공부할 수 있도록 인도하는 동시에 교사가 수업 전 학생들의 수요에 대해 파악할 수 있게 도와 주었다. 그리고 수업 중의 PJSM 문제 프롬프트집합-Presentation Prompt, Solution Prompt, Justification Problem Prompt, Monitoring and Evaluation Prompt은 학생들이 문제의 표상, 문제해결방법, 문제해결방법에 대한 검토 및 해결 효과를 검증할 수 있게 구성하여 학생들이 문제를 해결하는 동시에 자기 평가를 진행하고 비판적 사고를 양성할 수 있게 하였다. 마지막으로 수업 뒤에는 PER-PSJM 문제 프롬프트를 사용하여 학생들이 자신이 배운 지식을 확장할 수 있거나 다른 영역에서 응용할 수 있게 하였다. 본 인공지능 시스템 효과검증을 진행한 결과, 학생들은 문제식별 및 분석, 해결방법 개발, 해결방법 분석 및 선택, 문제해결과 비판적 사고에서 모두 유의미한 상승을 보였으며 전체적인 문제해결능력이 증가된 것으로 나타났다.

---

24) Zhu Long&Fu Daoming(2020). A Framework of Problem Prompts for Developing Students' Problem-solving Abliity: An Empirical Study Based on Flipped Classroom. e-education research,2,115-121.

인공지능을 활용한 교육평가시스템

　수업 외에 인공지능은 학생들의 작문 평가, 시험지 평가 및 학생의 답안 작성 과정을 통한 대응된 교육방법제시 , 학생들의 표정을 통해 난이도를 조절하는 방식으로 정서적 문제를 해결하는 등 측면에서 교사와 협업할 수 있게 개발되었다. 작문 평가 시스템(Automated Essay coring, AES[25]) 같은 경우는 인공지능 기술로 작문에 대해 평가하고 점수를 부여하는 시스템이다. 시스템은 중국 수능에서 높은 점수를 받을 수 있는 특점들을 정리하여 비유, 배열, 명언명구, 부호 사용 등을 계산하는 방식으로 채점을 진행한다. 개발자들은 2014년 모 성시의 수능 작문 시험지 1016부를 대상으로 508부는 인공지능 훈련데이터로, 508부는 측정데이터로 사용하였다. 그 결과 평가한 시험 성적은 정규분포를 이루고 40-50점 사이의 점수가 가장 많은 것으로 실제적 수능 점수의 분포와 같은 것으로 나타났다.

AES -작문점수의 분포

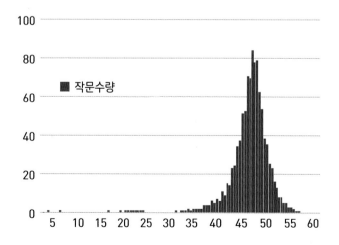

25) Liu Mingyang, Qin Bin & Liu Ting(2016). Automated Chinese composition scoring based on the literary feature. intelligent Computer and Applications, 6(1), 1-8.

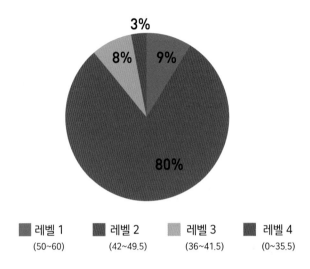

ACS - 작문점수의 4가지 레벨 분포도

레벨 1	레벨 2	레벨 3	레벨 4
(50~60)	(42~49.5)	(36~41.5)	(0~35.5)

시험지평가 시스템[26] 같은 경우는 시험지에 대해 스캔을 거친 뒤, 채점 시스템으로 객관식 채점을 바로 진행하고, 주관식 같은 경우는 채점 기준에서 제시한 키워드 및 모범답안과의 일치도 기술을 이용하여 시험지 평가를 진행한다. 시스템의 효과를 검증하기 위해 500부의 답안지를 테스트한 결과 중국어, 영어에 대한 식별율은 97%로 자동평가기준에 부합되었다. 그리고 시험지 평가에 대한 정확도를 검증하기 위해 인공 채점 결과와 비교한 결과, 작문 평가에서 인공지능의 채점점수와 상대평가 점수의 일치도는 95%이상으로 인공채점에서 두명의 검사자 신뢰도와 유사하였고 영어 작문 평가에서는 인공지능의 채점점수와 상대평가 점수의 일치도는 92%이상으로 인공채점에서 두명의 검사자 신뢰도보다 조금 높게 나타났다. 이는 본 시스템이 시험지 평가로 적합함을 의미한다. 인공지능 기술의 신속한

26) Wang Zhanglong, Xu Jun, Li Xiaozhen & Zhu Weilin(2018). The Design and Application of the Intelligent Online Marking System for the Pen-and-paper Test——"Examination Evaluation" for the Application of Intelligent Education. Modern Educational Technology,28(3), 5-11.

발전에 따라 교육영역 및 교육 평가 영역에 미치는 영향도 막대해 지고 있다. 시험지 평가 시스템 같은 경우는 평가 일치도를 보장하는 동시에 교사들의 작업량을 줄여 교육효율을 높이는데 기여할 수 있다.

교육평가 로봇(Educational Evaluation Robot)

교육평가로봇(教育测评机器人, Educational Evaluation Robot[27])은 모델식별, 자연언어이해, 로봇러닝 기술을 사용한 서비스 로봇이다. 학생들의 수기로 진행되던 학습 습관은 디지털화로 바뀌어 가고 있고, 교육평가로봇은 문제풀이 과정을 기록한다. 객관식과 주관식 문제에 대해 평가결과를 제시하는 동시에, 학습문제에 대한 진단을 제공하여 유효한 교육적 지원이 가능하다.

교육평가로봇은 수학풀이 같은 경우 학생들이 어떤 절차에서의 오류로 인해 문제풀이가 잘못되었는지 추정할 수 있기 때문에 굉장히 효율적으로, 그리고 정확하게 개개인에 알맞는 교수법을 제공해 줄 수 있다. 본 시스템의 효과를 검증하기 위해 중학생 100명을 대상으로 교육평가로봇을 사용한 실험그룹 50명과 원 학습법을 사용한 대조그룹 50명으로 나누어 6개월동안의 기하성적과 자기효능감의 차이를 비교하였다. 그 결과, 교육평가로봇을 사용한 그룹이 유의미하게 높은 것으로 나타났다. 이와 같이 인공지능이 수업에서의 사용은 전통적인 학습방법과 교수법의 변화를 일으켜 학생들의 학습 흥미를 증진하는 동시에, 개개인을 위한 개성화 된 학습 수요를 만족시킬 수 있다.

---

27) Wei Xuefeng, Liu Yongbo, Qu Lijuan & Wang Xiaoyu(2018). Research on Idea and Teaching Application of Educational Evaluation Robot. China Educational Technology, 12, 25-53.

교육평가로봇 기능 소개도

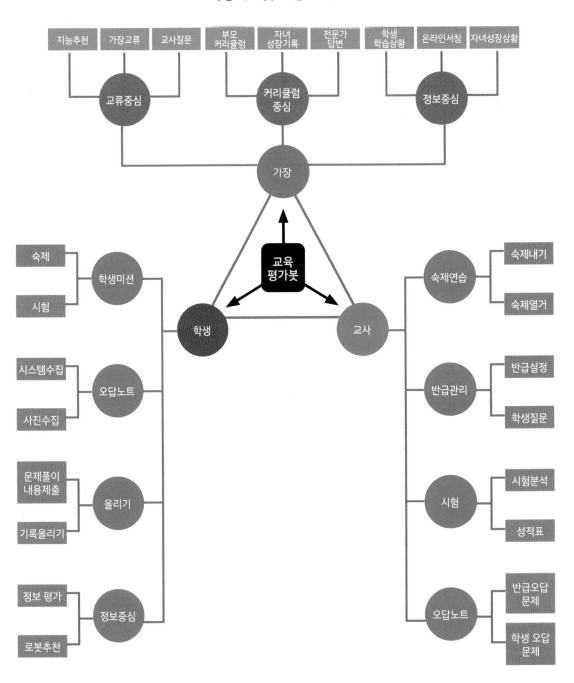

학습곤혹테스트 연구방법(学习困惑检测研究路线)
– 학습에 어려움을 겪는 학생들을 돕는 인공지능

학습자들의 정서는 학습의 동기, 몰입, 결과물 등에 중요한 영향을 미친다. 때문에 학습자들의 학습정서를 파악하고, 이를 기준으로 각 학습자의 수준에 어울리는 교수법을 찾아주는 것은 굉장히 중요하고 의미 있는 일이다. 이를 해결하기 위해, 얼굴표정을 통해 학습정서를 파악하는 인공지능 시스템이 개발[28] 되었다. 시스템은 아래의 과정을 거쳐 학습자에게 조금씩 난이도를 높이면서 나타나는 표정을 기초로 데이터를 수집하고 수집한 데이터를 기반으로 테스트를 진행한다. 본 시스템은 수정 보완 중에 있으며 앞으로 학생들의 학습 도우미로 많이 사용되길 기대한다.

교육로봇에 대한 수요

교육로봇에 대한 수요에 대해, Chen등 (2018)은 6개 학령단계(취학 전, 초등학교, 중학교, 대학, 성인 및 노인)를 대상으로 문헌분석, 전문가 인터뷰 및 설문조사를 진행하였다. 미래교육에서 로봇에 대한 수요는 주로 언어교육, 로봇교육, 수업지지, 사회성 기술 배양, 특수교육 등에 집중되었으며, 우선 적용 대상으로는 취학전 아동과 초등학교 학생들일 것이라고 주장하였다[29]. 인공지능이 수업에서 여러가지 역할로 기여를 시작하고 있는 지금, 중국 학자들은 앞으로도 인공지능이 더 다양한 역할로써 공헌 할 수 있을 것이라 예언한다.

28) Jiang Bo, Li Wanjian, Li Zhixuan & Ye Yun(2018). Automatic Learning Confusion Recognition Using Facial Expressions. Open Education Research,24(4),101-108.
29) Heng Y W, Sun P C, Chen N S (2018). The essential applications of educational robot: Requirement analysis from the perspectives of experts, researchers and instructors. Computers & Education. 126, 399-416.

학습곤혹테스트연구방법(学习困惑检测研究路线)

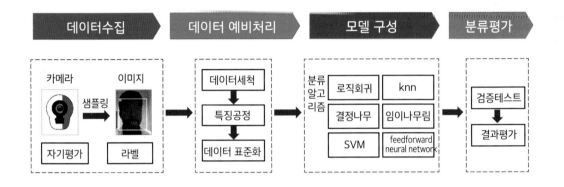

| 데이터수집 | 데이터 예비처리 | 모델 구성 | 분류평가 |

데이터수집
- 카메라 — 샘플링 → 이미지
- 자기평가 — 라벨

데이터 예비처리
- 데이터세척 → 특징공정 → 데이터 표준화

모델 구성
분류알고리즘
로직회귀	knn
결정나무	임이나무림
SVM	feedforward neural network

분류평가
- 검증테스트 → 결과평가

얼굴특점추출과정

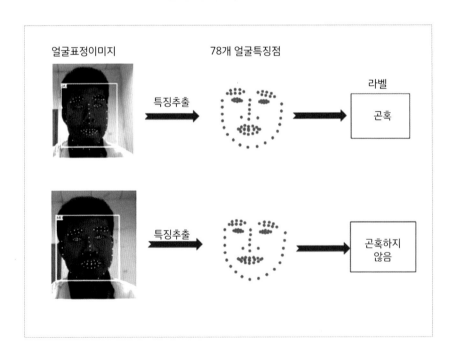

얼굴표정이미지 → 특징추출 → 78개 얼굴특징점 → 라벨: 곤혹

특징추출 → 라벨: 곤혹하지 않음

Yu Shengquan(2019)은 인공지능은 자동으로 출제하고, 숙제와 시험에 대해 평가하는 조교역할, 수업장애 진단 및 피드백 분석가 역할, 문제해결능력 테스트 및 소양 양성 훈련사 역할, 학생들의 심리테스트 및 개선 보조원 역할, 체질 건강감독 및 테스트와 개선의 보건의사 역할, 종합적인 소질을 평가하고 보고하는 담임 역할, 개인의 능력에 맞게 학습을 지도하는 코디 역할, 개인의 특성에 맞는 문제해결 스마트 지도교사 역할, 성장 및 발달, 인생 계획사 역할, 교사들의 교육연구 동료 역할, 개성화 된 학습 내용의 생성 및 집결의 지능대리인 역할을 이미 그리고 미래에 담당하게 될 것이라고 하였다[30].

다양한 인공지능 교육방법이 개발되고 있고, 현재 그리고 멀지 않은 미래에 교육 현장에 대량으로 투입 될 예정이다. 그러나 이러한 변화 과정에서 교사 역할의 재정의가 필요하다. 특히 새로운 교육 혁신에 대한 열의는 높으나, 구시대적 관료들, 나약한 학생들, 과도하게 자녀에게 집착하는 학부모들과의 정신적 갈등으로 인해 교단을 떠나는 젊고 의욕있는 교사들에게 인공지능 교육방법은 문제 해결의 열쇠를 제시할 수 있다. 이제 새 시대의 교사들이 진행하는 미래 교실에서 교사와 인공지능의 협업은 필수 불가결한 요소로 보인다. 물론 그 이전에 정부차원의 다양한 노력과 시스템의 혁신이 필요하겠지만 말이다. 한 가지 확실한 것은 학생들이 인공지능을 활용하고, 문제 해결에 적용할 수 있을 때 인공지능을 더 효율적으로 학습할 수 있다는 점이다. 또한 인공지능을 활용한 교육 프로그램과 그 효과분석은 아직도 더 신중하게 점검하고 해결하고 발전해 나가야할 문제로 남아 있다. 이러한 문제를 해결할 수 있는 가장 핵심적인 사람은 교육학과 교수도 아니고, 인공지능 엔지니어도 아니다. 결국 현장에서 학생들과 함께 하는 현장 교사이다. 교사들은 학생들에게 많은 영향을 끼칠 수 있는 존재다. 학교라는 환경 속에서 인공지능을 활용하고, 또 많은 학생들에게 활용의 편리성, 가치를 일깨울 수 있는 것은 바로 인공지능 교육이다.

30) Yu Shengquan (2018), The Future Roles of AI Teacher, Open Education Research, 24(1), 16-28.

인공지능이 문제를 해결해 주는 것이 아니다. 인공지능을 적절히 잘 활용하는 사람이 해결할 수 있는 것이다. 따라서 인공지능의 교육의 방향성은 인공지능 지식을 잘 가르치는 것만은 아니다. 가르친다고 배우지 않는다. 사람은 배우고 싶은 것을 배운다. 배우고 싶은 것은 무엇일까? 호기심이 있고, 필요하다고 생각하는 것이다. 인공지능 교육의 시작은 인공지능에 대한 호기심을 키우고 인공지능을 활용하는 것이 필요하다고 생각할 수 있는 생활 속 단초를 제공하는 것이다. 다음장부터 교실 및 생활 속 인공지능을 살펴보며 인공지능의 시대를 함께 경험해 보자.

교실 속 AI

**학교 교실에서 학생들과
함께 할 수 있는
인공지능 활용법을 소개합니다.**

PART 01

구글 번역을 활용한 AI교육

구글 번역은 학생들이 자신이 만든 글이나 자료를 외국어로 쉽게 번역하여 사용하거나 외국어로 된 자료를 한글로 번역하여 이해할 수 있도록 도와주는 인공지능 서비스입니다. 현재 100개가 넘는 세계의 언어를 다양한 수준에서 번역하여 서비스를 지원하고 있습니다. 사진 속 글자를 인식하거나, 음성을 인식하기도 하는 구글 번역 서비스는 2016년부터 신경망 기계번역 기술을 사용하여 문장 자체의 의미를 인공지능이 학습해 일반적인 문장으로 번역하는 방식으로 진화했습니다. 구글 번역은 텍스트 번역뿐 아니라 웹페이지도 번역할 수 있어서 외국어로 된 웹페이지까지 사용자가 원하는 언어로 설정하여 언제든 볼 수 있는 장점이 있습니다.

구글 번역을 통하여 학생들이 언어에 대한 장벽 없이 자유롭게 자료를 제작하고 외국인들과 의사소통할 수 있는 역량을 기를 수 있는 좋은 경험이 가능할 것입니다. 또한 네이버 파파고를 동시에 사용하여 같은 내용을 각각 번역해서 결과를 비교해 보는 것도 흥미로운 활동이 될 것입니다.

교과 연관 단원	
	4학년 국어 : 내가 만든 이야기/ 의견이 드러나게 글을 써요
	5학년 국어 : 글쓰기의 과정/ 기행문을 써요
	5학년 도덕 : 인권을 존중하며 함께 사는 우리
	5학년 사회 : 옛사람들의 삶과 문화
	6학년 사회 : 세계 여러 나라의 자연과 문화
	6학년 도덕 : 함께 살아가는 지구촌
	5, 6학년 영어 : 우리나라 전통문화 소개하기

CHAPTER 01

구글번역 살펴보기

1. 구글번역 탐색하기

(1) 구글 번역 홈페이지 탐색

[그림1] 구글 번역(Google translate) 홈페이지

    구글 번역(Google translate)은 모바일 버전과 PC버전 모두 사용가능합니다. PC버전은 구글 번역 사이트[1] 에 접속해서 왼쪽편에 번역하고 싶은 언어를 넣으면 구글 번역이 언어를 자동으로 인식해서 오른쪽에 사용자가 원하는 언어로 번역해줍니다.

---

1) https://translate.google.co.kr

[그림2] 구글 번역 예시

(2) 구글 번역 애플리케이션 설치

구글 번역은 안드로이드폰과 아이폰 모두에서 설치하여 사용할 수 있습니다. 기기의 종류에 맞게 구글 번역 애플리케이션을 검색하여 설치하면 됩니다.

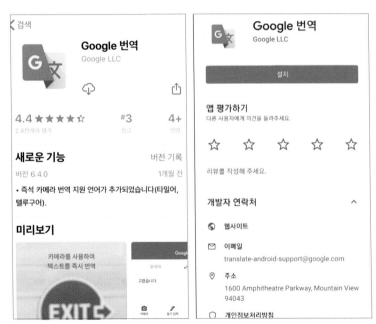

[그림3] 구글 번역 앱 설치(안드로이드용, 아이폰용)

2. 구글 번역 설치하여 기능 살펴보기

(1) 구글 번역 설치하기

구글 번역의 장점 중 하나가 오프라인 번역이 가능하다는 것입니다. 미리 자신이 번역할 언어 파일들을 설치하면 인터넷이 안 되는 지역에서도 자유롭게 번역 기능을 이용할 수 있습니다. 구글 번역 애플리케이션을 설치하고 한국어 파일을 다운로드하여 복원합니다. 그리고 메뉴에서 오프라인 번역 언어를 선택합니다.

[그림4] 오프라인 번역 파일

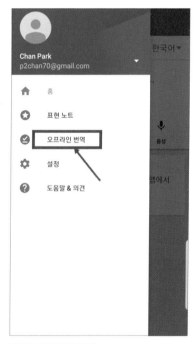

[그림5] 오프라인 번역 활성화

구글 번역 애플리케이션을 설치하면 한국어 오프라인 번역 파일을 복원했을 때 기본적으로 오프라인 언어로 영어와 한국어가 다운로드 되었다고 표시됩니다. 오프라인으로 번역할 언어를 추가하고 싶을 때는 사용 가능한 언어를 선택하여 번역 파일을 다운로드하면 됩니다.

오프라인 번역이 인터넷 환경 제약 없이 사용할 수 있어서 좋은 점이 있으나 번역 파일의 용량이 크기 때문에 꼭 필요한 경우에만 설치하는 것이 좋습니다.

[그림6] 오프라인 번역 추가

[그림7] 추가된 오프라인 번역

(2) 구글 번역 오프라인 번역 기능 살펴보기

오프라인 번역 기능을 살펴보도록 합시다. 데이터를 차단한 상태에서 구글 번역 애플리케이션을 실행시키면 텍스트를 입력할 수 있고 카메라 기능만을 사용할 수 있습니다. 필기, 대화, 음성 기능은 데이터를 필요로 하는 기능이기 때문에 활성화가 되지 않습니다. 먼저 번역하기를 원하는 대상언어를 한국어로 선택하고 번역되기를 원하는 언어를 영어로 선택합니다. 언어 선택이 마치면 텍스트를 입력하는 곳에 번역하기를 원하는 문장을 입력합니다. 입력을 마치자마자 아랫부분에 영어로 번역된 것을 확인할 수 있습니다. 번역된 글은 복사하여 다른 애플리케이션에서 활용할 수도 있습니다.

[그림8] 오프라인 영어번역

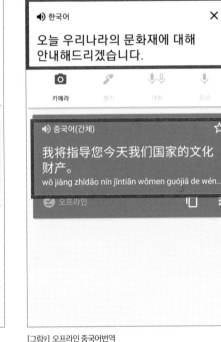

[그림9] 오프라인 중국어번역

영어번역과 동일한 방법으로 번역되기를 원하는 언어를 중국어로 변경하면 중국어로 번역
되는 것을 확인할 수 있습니다. 번역된 언어 옆에 있는 사운드 이미지를 클릭하면 음성으로
나오는 것을 확인할 수 있어서 외국인에게 직접 들려줄 수도 있습니다.

(3) 구글 번역 온라인 번역 기능 살펴보기

[그림10] 구글 번역 소개사이트

구글에서 제공한 구글 번역에 대한 간단한 소개자료가 있습니다.[2]

[그림11] 온라인번역 기능

구글 번역의 온라인 번역 기능을 살펴보도록 합시다. 데이터를 사용할 수 있는 상태에서 구글 번역 애플리케이션을 실행시키면 텍스트와 카메라 기능뿐만 아니라 오프라인 번역으로 사용할 수 없었던 필기, 대화, 음성 기능도 사용 가능합니다. 필기 기능은 핸드폰에 직접 글씨를 써서 번역하는 기능이고 대화 기능은 두 가지 언어로 대화 형태로 이야기해도 2가지 언어로 모두 번역해주는 기능입니다. 음성 기능은 마이크에 직접 이야기하면 바로 원하는 언어로 번역될 수 있습니다.

2) https://translate.google.com/intl/ko/about/

오프라인 번역과 온라인 번역 모두에서 사용할 수 있는 기능으로 카메라 기능을 살펴보겠습니다. 카메라 기능을 활성화시키고 즉시번역 기능을 선택한 후 번역하기를 원하는 텍스트가 있는 곳을 비추면 텍스트를 인식하여 그 상태 그대로 텍스트만 번역해서 나타내줍니다.

[그림12] 번역할 텍스트   [그림13] 카메라 즉시 번역

카메라 즉시번역은 여행할 때 메뉴판, 제품 이름, 상품, 설명서 등을 카메라 기능으로 스캔하면 바로 번역해주어 쉽게 내용을 이해할 수 있는 장점이 있습니다. 그러나 카메라를 비추는 각도에 따라 텍스트를 다르게 인식하여 번역할 수 있으니 카메라가 흔들리지 않도록 하는 것이 좋습니다.

카메라 번역 기능 중 스캔하기가 있습니다. 스캔하기는 비추는 화면에서 텍스트만을 추출해서 번역할 때 사용할 수 있습니다. 카메라 즉시 번역은 촬영하는 화면의 모양을 그대로 유지한 상태에서 번역하는 기능이라면 스캔하기는 글자 크기, 모양, 그림 배치 등은 고려하지 않고 텍스트만 추출해서 번역하는 기능입니다. 이 기능의 장점은 번역한 텍스트를 클립보드로 복사해서 다양한 앱으로 공유할 수 있는 것입니다. 즉, 번역한 텍스트를 다른 용도로 활용할 때 사용하면 좋은 기능입니다.

[그림14] 카메라 스캔하기   [그림15] 카메라 스캔과정   [그림16] 번역 결과 공유

필기 입력을 선택하면 아래쪽에 글씨를 쓸 수 있는 네모난 박스가 생기고 화면에 직접 글자를 적으면 이를 원하는 언어로 번역해줍니다. 현재 필기 기능으로 텍스트를 쓰는데 50개 이상의 언어가 지원됩니다. 또한, 입력한 내용에 대응되는 추천 문자가 표시되어서 추천 문자 중 하나를 선택할 수도 있습니다. 이 기능은 한글과 한자, 히라가나 등 알파벳으로 표현할 수 없는 언어를 사용하는 이들에게 유용할 수 있습니다.

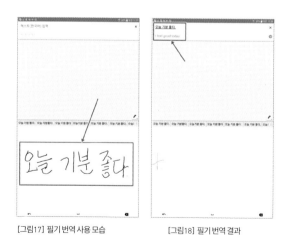

[그림17] 필기 번역 사용 모습   [그림18] 필기 번역 결과

스마트폰을 이용하거나 PC에 마이크가 있으면 음성으로 단어나 구문을 번역할 수 있습니다. 언어에 따라서는 번역된 내용을 들어볼 수도 있습니다. 대화 번역과 음성 번역은 모두 마이크를 이용하여 번역해주는 공통점이 있는데 대화 번역은 외국인과 동시에 대화할 때 사용하면 좋고 음성 번역은 하나의 언어에서 다른 언어로 번역할 때 사용하면 좋습니다.

[그림19] 음성 번역하기

[그림20] 음성 번역 결과

CHAPTER **02**

구글 번역 수업 시간 활용하기

1. 관광안내도 제작하기

(1) 지역 소개하기

우리가 살고 있는 지역을 소개하는 활동은 국어, 사회 시간에 활용됩니다. 자신이 살고 있는 지역을 외국인들에게 소개하는 것은 세계시민교육의 일환으로 할 수 있는 활동입니다. 컴퓨터로 지역 소개 자료를 제작하고 구글 번역을 이용하여 외국어로 자료를 제작하여 SNS로 공유할 수 있습니다.

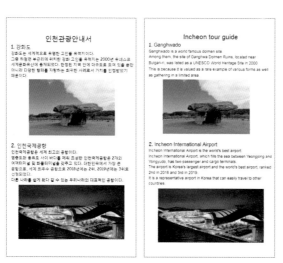

[그림21] 인천관광안내도(한글)   [그림22] 인천관광안내도(영어)

(2) 현장학습 계획하기

5학년 국어 수업으로 현장학습 계획하기가 있는데 자신이 갈 현장학습 장소를 계획하고 소개하는 활동을 할 수 있습니다. 또한 외국인들에게 우리나라의 여러 관광자원에 대해 알아볼 수 있도록 현장학습 장소 소개를 구글 번역을 통해 외국인들이 볼 수 있도록 제작해보는 활동도 가능합니다. 이것은 사회 시간에 우리 문화를 외국인에게 소개하는 활동으로 변형해서 활용할 수 있습니다. 또한 6학년 사회 시간에 세계 여러 나라의 자연과 문화 단원에서 세계 여러 나라 소개해보기 활동이 있습니다. 이때 세계 여러 나라 중 관심 있는 나라를 조사해서 소개 자료를 다양한 언어로 제작하여 발표할 수 있습니다.

다음은 학생들이 제작했던 롯데월드 관광안내도 사례입니다.

[그림23] 롯데월드 관광안내(한글)

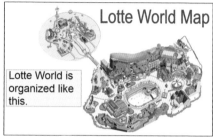

[그림24] 롯데월드 관광안내(영어)

[그림25] 롯데월드 관광안내(중국어)

2. 비정부기구(NGO)에게 편지쓰기

　6학년 도덕 시간에 지구촌 문제의 원인과 해결 방안에 관한 수업이 진행됩니다. 이때 비정부기구(NGO)에 지구촌 문제를 해결하기 위한 의견서를 써 보는 활동이 있습니다. 학생들이 전쟁, 환경 문제, 질병 문제, 기아 문제 등 지구촌이 겪는 문제를 세계시민교육의 일환으로 함께 고민해나가도록 하기 위해 비정부기구(NGO)에게 편지를 쓰도록 합니다. 먼저 한글로 작성한 후 영어로 번역해서 편지를 써 보도록 합니다.

전염병을 막아주세요!! (coronavirus)
현재 크로나바이러스로 인해 전 세계가 공포에 떨고 있습니다.
이런 무시무시한 크로나바이러스를 막기 위해서 NGO에서 대책을 세워주세요.
저희가 생각하는 대책은 다음과 같습니다.
1. 백신을 빨리 만들어 바이러스가 퍼지는 것을 막아야 합니다.
2. 시민들에게 바이러스의 심각성을 알립니다.
3. 신종 크로나바이러스 무증상 감염자도 전파 가능성이 있습니다. 그러므로 무증상 감염자와의 접촉을 금해야 합니다.
4. 바이러스 예방법을 시민들에게 정확히 알려 바이러스감염을 막습니다.

-바이러스 예방법은 다음과 같습니다.
1. 발열, 호흡기 증상자를 피합니다.
2. 야생동물(가금류 포함) 접촉을 금지합니다.
3. 흐르는 물에 30초 이상 손 씻고 옷소매로 가리고 기침합니다.
이러한 조치만으로도 시민들이 조금이나마 안심할 수 있습니다.
빠르게 조처를 하여 전 세계가 공포에 떨고 있는 코로나바이러스를 막아 주세요.

[그림26] 보건NGO편지쓰기(한글)

Please stop the epidemic!!
(coronavirus)
The world is now terrified by coronaviruses.
Take action with your NGO to prevent this horrible coronavirus.
The measures we think of are:
1. Make a vaccine quickly to prevent the spread of the virus.
2. Inform citizens of the seriousness of the virus.
3. Asymptomatic people with new coronaviruses may also spread. Therefore, contact with asymptomatic infected should be prohibited.
4. Accurately inform the citizens on how to prevent viruses and prevent them from becoming infected.

-The virus prevention method is as follows.
1. Avoid fever, contact with respiratory symptoms.
2. No contact with wild animals (including poultry).
3. Wash your hands in running water for at least 30 seconds, cover them with a sleeve, and cough.
These measures can give citizens a little peace of mind.
Take action quickly to stop the fear of the world's feared coronavirus.

[그림27] 보건NGO편지쓰기(영어)

환경오염을 해결해주세요.

우리는 환경오염으로 지구가 오염되어 피해를 입는 사례를 종종 뉴스에서 보았습니다.
사진에서 볼 수 있는 것처럼 사람들이 바다에 함부로 쓰레기를 버립니다.

또한 기름을 실은 배가 파선하면서 안에 있던 기름이 새어 나와서 플랑크톤이 죽게 되어 결국 물고기들도 죽습니다.

그리고 심각한 것이 대기오염입니다. 자동차가 내뿜는 연기, 공장 굴뚝에서 나오는 해로운 물질이 공기 속에 섞여서 그 공기를 마시는 동물과 식물이 병에 걸립니다. 그래서 저희는 이런 환경오염 문제를 위해 몇 가지 해결방안을 생각해 보았습니다.

● 첫째 산업폐기물을 정수 처리 장치를 설치하는 것입니다.
수질 오염과 토질 오염을 막을 수 있기 때문입니다.

● 둘째 수소차, 전기차에 관한 기술을 발전시키는 것입니다.
이산화탄소의 배출이 줄어들어 대기오염을 막을 수 있기 때문입니다.

[그림28] 환경NGO편지쓰기(한글)

Please solve environmental pollution.

We have often seen in the news examples of the earth being polluted by environmental pollution.
As you can see in the picture, people throw their garbage away at sea.
In addition, when the ship with oil breaks, the oil inside leaks, and plankton dies, resulting in the death of fish.

And serious is air pollution. Smoke from cars and harmful substances from factory chimneys are mixed in the air, and the animals and plants that drink the air get sick.

So we've come up with some solutions to this pollution problem.

● The first is to install industrial wastewater treatment equipment.
This can prevent water pollution and soil pollution.

● Secondly, to develop technologies for hydrogen cars and electric cars.
This is because carbon dioxide emissions are reduced and air pollution can be prevented.

[그림29] 환경NGO편지쓰기(영어)

CHAPTER 03

파파고 살펴보기

구글 번역이 구글에서 내놓은 인공지능기반 번역기라면 네이버가 인공지능 기반으로 내놓은 번역기가 파파고입니다. 현재 13개 언어를 번역할 수 있으며 텍스트나 음성뿐 아니라 사진 속 문자까지 통번역할 수 있는 특징이 있습니다. 구글 번역에서 사용한 인공신경망 기술이 적용되어 번역 품질이 매우 좋습니다.

파파고도 모바일 버전과 PC버전 모두 사용 가능합니다. PC버전은 파파고 번역 사이트[3]에 접속해서 왼편에 번역하고 싶은 언어를 넣으면 파파고 번역이 언어를 자동으로 인식해서 오른쪽에 사용자가 원하는 언어로 번역해줍니다. .

[그림30] 파파고 번역 홈페이지

---

3) https://papago.naver.com/

스마트폰에서 파파고 애플리케이션을 실행시키면 텍스트를 직접 넣거나 음성, 대화, 이미지 메뉴를 이용하여 번역할 수 있습니다. 음성 메뉴는 스피커에 대고 직접 말하면 번역되는 기능입니다. 번역된 것을 바로 음성으로 들을 수 있습니다. 대화 메뉴는 외국인과 1대 1로 대화하면서 바로 사용할 수 있는 기능입니다. 이미지 메뉴는 OCR기능을 이용하여 사진을 찍고 번역하기를 원하는 곳을 손으로 문지르면 바로 번역이 되는 기능입니다.

[그림31] 온라인 번역 메뉴   [그림32] 파파고 메뉴

구글 번역에 없는 파파고 만의 기능은 글로벌 회화와 키즈 메뉴가 대표적인 것입니다. 글로벌 회화 메뉴는 공항, 숙박, 식당, 관광 등 다양한 상황에서의 회화를 익히거나 발음을 들을 수 있는 기능이 있습니다. 또한 키즈 메뉴는 어린이들이 동물, 과일, 숫자, 색깔 등 다양한 종류의 단어를 그림과 함께 발음을 들으면서 익힐 수 있는 기능입니다. 한국인에 좀 더 차별화된 기능들이 제공되는 것이 파파고의 장점입니다.

CHAPTER **04**

구글 번역
200% 활용팁

1. 맞춤법 검사기를 활용하라.

학생들이 구글 번역을 이용해서 다른 언어로 번역하기 전에 한국어로 쓴 문장이 올바른 문장이 되어야 합니다. 만약 맞춤법이 틀리게 작성되면 올바르게 번역되지 않는 경우가 많습니다. 따라서 구글 번역하기 전에 맞춤법 검사기로 틀린 문장을 올바르게 고치는 것이 좋습니다. 맞춤법 검사를 위해 한국어 맞춤법/문법 검사기[4]나 네이버 맞춤법 검사기를 활용하면 좋습니다.

[그림33] 한국어 맞춤법, 문법 검사기

[그림34] 네이버 맞춤법 검사기

---

4) http://164.125.7.61/speller/

2. 번역할 문장을 짧게 끊어라

번역할 문장이 너무 길면 구글 번역이 문장 구조를 제대로 파악하지 못할 수 있습니다. 따라서 최대한 문장을 짧고 간결하게 끊어 쓰는 것이 정확한 번역 결과물을 얻을 수 있는 전략입니다.

3. 주어, 목적어를 생략하지 마라

우리나라 사람들은 주어를 생략하는 경우가 많습니다. 그러나 영어 같은 언어는 주어를 생략하지 않고 문장에서 사용하는 경우가 많습니다. 그러므로 좀 더 올바른 번역을 위해 주어를 생략하지 않고 명시하는 것이 좋습니다. 또한 목적어가 생략된 경우 목적어도 밝혀주면 번역의 정확도를 더욱 높일 수 있습니다. 비문이 아닌 문법적으로 올바른 문장을 사용하면 번역의 정확도가 향상됩니다.

4. 전문용어는 입력할 때 미리 바꿔놓는다.

전문용어의 경우 전공에 따라 사용하지 않는 영문으로 번역될 수 있습니다. 한글 입력 상태에서 특정 단어를 번역을 원하는 영문 전문용어 바꿔놓고, 번역을 실행시키면 해당 단어를 적용하여 번역문이 완성됩니다.

5. grammarly(https://app.grammarly.com/) 앱을 활용하여 문법 검사를 완료해보자.

grammarly를 실행시켜 놓으면 구글 놓역, 구글 크롬 등에서 자동으로 모든 언어의 문법을 검사합니다. 프리미엄 서비스를 사용하지 않더라도 영문의 경우 완벽한 문법 검사가 가능합니다.

EXPERTS AREA
번역(TRANSLATION)

기계번역 연구는 1950년부터 지금까지 꾸준히 진행되었습니다. 인공지능의 첫 번째 황금기(Golden Age) 때는 쉽게 기계번역 문제를 해결할 수 있을 것으로 생각했지만 좋은 성능이 나오지 않았습니다. 또한 초기에는 언어학자들이 언어적 규칙을 사용해 규칙 기반 기계번역 모델을 만들었지만 무수히 많은 언어의 규칙을 적용하는 것은 현실적으로 한계가 있었습니다.

1990년대에는 언어학이 아닌 통계학을 적용해 통계 기반 기계번역 모델을 만들었습니다. 우선 통계 기반 기계번역 모델은 모든 규칙을 사람이 만들어내고 적용하지 않아도 된다는 장점이 있습니다. 기계번역 모델은 원본 언어(Source Language)와 번역 언어(Target Language)가 병렬적으로 존재하면 그 사이에서 규칙을 찾아 모델을 만들었습니다. 따라서 새로운 문장을 모델에 입력하면 모델이 알고 있는 규칙을 적용해 번역 문장을 출력하게 되는 방식입니다.

최근 신경망이 기존에 풀지 못한 다수의 문제를 해결하면서 번역 문제 해결도 함께 주목받게 되었습니다. 통계 기반 기계번역 모델에 신경망을 사용해 번역 성능을 높이려는 시도들이 적극적으로 이루어지고 있습니다. 시간이 지나면서 새로운 신조어가 탄생하고 새로운 언어 규칙들도 생기게 되었습니다. 이러한 새로운 언어 규칙을 일일이 찾아내고 대응하는 것은 현실적으로 불가능하기 때문에 학습 기반 모델이 주목받고 적극적으로 사용되고 있습니다. 신경망 기반 기계번역은 구글, 네이버, 바이두 등 여러 기업에서 적용해 사용자들에게 더 높은 수준의 번역 성능을 제공하고 있습니다.

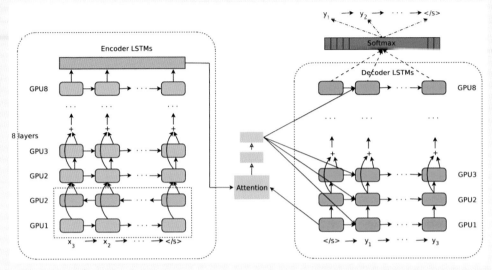

[그림35] 구글에서 공개한 신경망 기계 번역 모델 구조.- https://arxiv.org/pdf/1609.08144.pdf

신경망 기반 기계번역 모델을 만들기 위해서는 통계 기반 기계번역 모델처럼 원본과 번역본이 필요합니다. 예를 들면 "I love you."와 "나는 너를 사랑해"라는 문장을 하나의 데이터 셋으로 사용해 신경망에 학습을 시킵니다. 현재는 인터넷 기술이 전세계적으로 보편화되었기 때문에 많은 양의 데이터를 얻을 수 있게 되었습니다. 많은 양질의 학습 데이터 확보는 신경망 학습에 매우 중요한 요소이기 때문에 앞으로 계속 번역 성능이 올라갈 것으로 예상됩니다.

신경망 기계번역 모델은 주로 Encoder-Decoder 구조를 사용해 구현이 됩니다. Encoder는 그림 32의 좌측을 말하고 Decoder는 우측의 박스를 말합니다. Encoder에 입력값으로는 원본 언어를 입력하고 Decoder에는 입력값으로는 번역 언어를 입력하여 학습을 진행합니다. 원본 언어와 번역 언어 사이의 관련성을 찾는 방향으로 학습을 진행하여 모델을 만듭니다.

PART 02

구글 포토 속
AI 활용

구글 포토는 구글에서 2015년에 시작한 사진관리 서비스입니다. 기본 용량은 15GB로 구글 드라이브와 그 용량을 공유하여 15GB이상 업로드를 하지는 못하지만 1,600만 화소 이하의 사진, 1080p 이하의 동영상은 구글드라이브의 용량과 상관없이 무제한으로 올릴 수 있어 사진과 동영상을 백업하는 용도로 사용할 수 있는 서비스입니다. PC뿐만 아니라 안드로이드나 IOS에서도 서비스를 지원하기 때문에 스마트폰으로 찍은 사진을 손쉽게 업로드할 수 있습니다.

하루 업로드 용량은 15GB제한되기는 하지만 일반적인 사용에 있어서 그 정도의 용량을 하루에 올리는 일은 거의 없기 때문에 신경을 쓸 필요는 없습니다.

구글 포토의 가장 큰 장점은 인공지능 얼굴인식 기능이 있어 같은 얼굴의 사진을 모아주거나 검색어를 입력하면 관련 사진을 찾아주는 것입니다. 이러한 기술을 이용하면 학생별 앨범을 제작하여 줄 때 해당학생의 얼굴만 모아 앨범을 만들 수 있어 아주 편리합니다. 또한 완벽하지는 않지만 어느 정도 문자를 인식하는 능력도 있어서 제한적이기는 하지만 사진에 있는 글자도 검색이 가능합니다.

학생들이 수년 전의 경험을 글로 쓰거나 기행문을 쓸 때 메모를 해 두지 않았다면 기억에만 의존하여 글을 쓸 수 밖에 없습니다. 그러나 사진을 찍어서 구글 포토에 업로드를 하였다면 인터넷이 연결되어 있는 환경에서는 언제든 자신의 경험을 사진에서 검색하여 찾을 수 있고, 또 다른 관련된 경험을 연관하여 쓸 수도 있습니다. 구글 포토를 이용하여 자신의 경험을 글로 표현하고 다른 사람과 공유하는 것은 의미있는 활동이 될 것입니다.

교과 연관 단원	3학년 국어- 자신의 경험을 글로 써요 5학년 국어- 기행문을 써요/주인공이 되어 창의적체험활동- 앨범 만들기

CHAPTER **01**

PC에서
구글 포토 사용하기

1. 구글 포토에 사진 올리기

(1) 구글 포토에 접속하기

[그림1] Google 홈페이지(https://www.google.com)

익스플로러나 사파리, 크롬 등 다양한 웹브라우저에서 접속이 가능하며 OS의 환경에 따라

크게 다른 것이 없어 크롬브라우저를 기준으로 설명하겠습니다.

구글 포토(https://photos.google.com/)로 바로 접속을 하여도 무방하나 서비스를 이용하기 위해서는 로그인을 하여야 하므로 구글 홈페이지로 접속하였습니다. 구글에 접속 후 우측 상단에 로그인 버튼을 클릭하여 자신의 계정 정보를 입력하고 로그인을 합니다.

[그림2] 구글앱에서 사진 선택

계정 아이콘 옆에 9개의 점인 구글앱스 메뉴를 선택하고 스크롤을 조금 내려 사진메뉴를 선택합니다.

(2) 구글 포토에 사진 올리기

[그림3] 구글포토로 사진파일 업로드하기

업로드하고자 하는 사진을 모두 선택한 후 구글포토 웹 페이지로 Drag & Drop으로 사진을 옮겨줍니다.

업로드의 크기를 지정합니다. 원본크기를 선택하면 구글드라이브의 용량을 차지합니다. 고화질을 선택하면 사진의 경우에는 1,600만화소 이하로, 동영상은 1080p 이하로 용량이 자동으로 조정이 되어 업로드되고 구글드라이브의 용량을 차지하지 않습니다.

[그림4] 업로드 크기 지정

PC뿐만 아니라 안드로이드나 IOS에서도 서비스를 지원하기때문에 스마트폰으로 찍은 사진을 손쉽게 업로드할 수 있습니다. 하루 업로드 용량은 15GB 제한되기는 하지만 그 정도

의 용량을 하루에 촬영하고 업로드 하는 일도 쉽지 않은 작업일 것입니다.

[그림5] 사진이 올라간 모습

사진이 모두 업로드되면 기본적으로 날짜별로 사진이 정렬되는 것을 볼 수 있습니다. Ctrl 버튼을 누르고 마우스의 휠을 돌리면 화면에 보이는 사진의 크기를 조절할 수 있습니다.

2. 구글 포토 살펴보고 활용하기

(1) 구글 포토 탐색하기

구글 포토에 올라간 사진은 날짜별로 정렬이 됩니다. 마우스의 스크롤이나 키보드의 방향키를 이용하여 사진을 찾을 수 있지만 우측의 네비케이션 막대바에서 원하는 날짜로 이동하여 사진을 찾을 수도 있습니다.

[그림6] 구글 포토 접속모습

[그림7] 구글 포토의 사진메뉴

[그림8] 구글 포토의 사진 공유하기

사진을 선택하면 사진의 상단에 몇 가지 메뉴가 나옵니다. 다른 사람과 공유를 할 수도 있고, 간단하게 사진을 수정할 수도 있으며, 사진을 확대/축소하여 볼 수도 있고, 사진과 관련한 정보를 볼 수 있습니다. 즐겨찾기로 지정하여 원하는 때에 쉽게 찾을 수 있도록 할 수도 있고, 삭제도 할 수 있습니다. 그 외에도 사진을 슬라이드쇼로 볼 수도 있고, 다운로드 하거나 사진을 회전하여 저장할 수도 있습니다.

몇 가지 기능을 좀 더 자세히 알아보도록 하겠습니다.

사진에서 공유 아이콘(<)을 선택하면 구글에서 보내기 창이 나오게 됩니다. 구글포토를 사용하는 사람의 구글 계정을 입력하여 보내면 받는 사람의 구글포토에는 이 사진이 들어가는 앨범이 자동으로 만들어지게 됩니다. 또는 링크만들기 버튼을 실행하면 해당사진이 들어간 링크가 만들어지게 되고 링크를 전송받은 사람은 해당 사진을 자신의 구글 포토 앨범에 저장할 수 있게 됩니다.

[그림9] 사진 수정

사진에서 수정 아이콘을 선택하면 다양한 색상 필터를 적용할 수 있는 메뉴와 적용 정도를 조절할 수 있는 슬라이드바가 나오게 됩니다. 사용자가 원하는 필터를 사용하여 색상을 수정할 수 있습니다. 수정이 적용된 사진과 원본을 비교하려면 사진을 마우스로 길게 클릭하면 원본의 모습이 보이게 되고 마우스 버튼을 떼면 수정 후의 모습이 보이게 되어 비교할 수 있습니다.

　돋보기 버튼을 클릭하면 사진을 확대하여 볼 수 있으며 사진을 Drag하여 옮겨볼 수 있습니다. 수정된 사진을 최종 확인 후 저장하려면 '완료'를, 취소하려면 '수정 실행취소'메뉴를 선택합니다.

　이렇게 수정된 사진은 다른 사람과의 앨범에서도 그대로 적용이 됩니다. 수정전의 사진을 다른 사람과 공유하였다 하더라도 사진을 수정하게 되면 공유한 사람의 앨범에서는 수정된 사진이 보여지게 됩니다.

[그림10] 구글 포토의 사진정보

정보 아이콘을 클릭하면 사진의 메타정보를 볼 수 있습니다. 기본적으로 사진을 촬영한 일시와, 사진의 크기, 사진을 촬영한 기기에 대한 내용이 보여지게 됩니다. 추가로 정보를 입력할 수도 있습니다. 설명 추가란에 사진에 대한 설명을 추가로 입력할 수 있습니다. 또한 사진의 메타정보에 GPS 정보가 있다면 구글지도에 사진을 촬영한 위치가 다음과 같이 표시됩니다.

[그림11] 사진 촬영장소

(2) 인물 앨범 만들기

구글 포토에는 얼굴인식 기능이 있어 같은 사람의 얼굴을 알아서 묶어 줍니다. 이름을 지정하면 다른사람과의 공유나 검색이 쉽게 됩니다.

[그림12] 구글 포토의 앨범메뉴

좌측의 앨범 메뉴로 들어가면 인물, 장소, 사물, 동영상, 콜라주등 다양한 앨범이 기본적으로 만들어져 있습니다. 여기에서 인물 앨범은 사진에서 식별이 가능한 얼굴들을 묶어서 빈도 순으로 보여주게 됩니다.

[그림13] 인물 앨범

[그림14] 인물앨범 이름 추가방법

인물을 선택하게 되면 이름을 추가할 수 있도록 안내가 됩니다. 해당인물의 이름을 추가한 후 완료를 눌러 완료합니다. 이렇게 이름을 입력하면 사진을 검색할 때 이름으로 검색하는 것도 가능해집니다.

[그림15] 인물 앨범 이름 생성

인물 앨범에 이름이 추가되면 해당 인물의 앨범이 앞쪽에 위치하게 됩니다. 자주 찾는 인물의 이름을 추가하면 보다 쉽고 빠르게 찾을 수 있게 됩니다.

[그림16] 검색결과 개선

[그림17] 검색결과 개선 완료

구글 포토에서는 사람의 얼굴은 인식하였는데 일치도가 일정 수준 이하일 경우 같은 사람인지 다른 사람인지 사용자가 확인하도록 하고 있습니다. '같은 사람'으로 체크할 경우 같은 사람의 앨범으로 묶고 '다른 사람'으로 체크할 경우에는 다른 사람으로 분류하게 됩니다. '잘 모르겠음'을 선택하면 다음에 다시 물어보게 됩니다.

(3) 인물 앨범 공유하기

[그림18] 인물 앨범 공유하기

인물 앨범을 다른 사람과 공유하는 방법은 사진을 공유하는 방법과 같습니다. 공유하고 자 하는 인물의 앨범을 선택한 후 '앨범으로 공유'버튼을 선택합니다. 이렇게 하면 새로운 앨 범이 생성 되는데, 앨범의 제목을 입력한 후 화면 상단의 '공유'버튼을 눌러줍니다. 사진자동 추가 설명이 나오게 됩니다. 선택한 인물이 찍힌 새로운 사진이 자동으로 앨범에 추가가 되 어 앨범 링크를 가지고 있는 사람은 새로운 사진을 자동으로 받아 볼 수 있다는 내용입니다.

이것은 학급경영에서 굉장히 유용합니다. 학생별로 앨범을 생성한 후 각각의 앨범 링크를 학부모와 공유한 후 사진을 찍어서 구글 포토에 올리기만 하면 학부모님은 자신의 자녀가 나 온 사진만 받아볼 수 있기 때문입니다.

(4) 검색기능 활용하기

[그림19] 구글포토 검색기능 활용

구글 포토에는 '내 사진 검색'기능이 있습니다. 구글의 이미지 검색 알고리즘과 인공지능을 이용하기 때문에 이미지 검색기능이 우수합니다. 구글 포토의 검색창에서 인물 앨범에 입력한 이름을 검색하면 해당 인물이 나온 사진이 모두 나오게 됩니다. 인물뿐만 아니라 사물이나 색상, 환경등도 검색이 됩니다.

[그림20] 그림 '바다'를 검색했을 때

[그림21] '노랑'을 검색했을 때

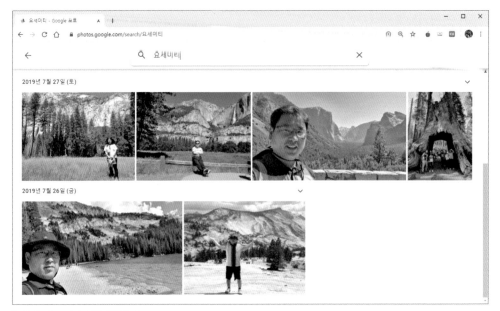

[그림22] 구글포토에서 지명을 검색했을 때

    스마트폰의 GPS를 켜고 사진을 찍으면 사진의 메타정보에 GPS 좌표가 저장이 됩니다. 구글 포토에 업로드하여 지명을 검색하면 그 지역에서 찍은 사진이 검색되어 나오게 됩니다. 위의 사진은 '요세미티'로 검색하였을 때 나온 사진인데 요세미티 국립공원에서 촬영한 사진이 검색되어 나온 결과입니다.

모바일에서 구글 포토 사용하기

1. 스마트폰으로 찍은 사진 올리기

(1) 구글 포토 애플리케이션 설치

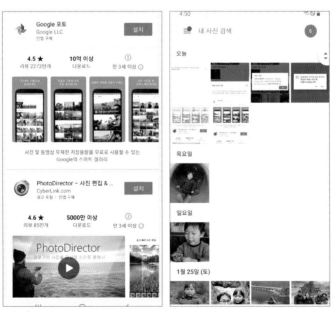

[그림23] 구글 포토 애플리케이션 설치

구글번역은 안드로이드폰과 IOS 모두 설치를 할 수 있습니다. 기기의 종류에 맞게 구글 포토 애플리케이션을 검색하여 설치합니다.

(2) 사진 촬영하여 백업하기

[그림24] 사진 백업하기

구글포토 애플리케이션을 설치하고 최초 실행시 백업 및 동기화에대한 설명 및 설정 창이 나오게 됩니다. PC에서와 마찬가지로 백업을 설정할 때 고화질(무료, 용량 무제한)을 선택할 것인지 원본 크기(계정 저장용량의 제한을 받음)로 저장할 것인지 선택하도록 합니다. 모바일에서는 PC와 다르게 기본적으로는 Wi-Fi에 연결되어 있을 때만 백업이 되도록 설정되어 있습니다. 모바일 데이터를 사용하여 백업하려면 따로 설정을 해야 합니다.

이후 사진을 촬영한 다음에는 구글포토에서 계정의 버튼을 눌러 업로드를 해주거나 갤러리에서 공유 아이콘을 선택한 후 Google 포토에 업로드 메뉴를 실행하여 업로드할 수 있습니다. 공유 아이콘을 선택한 후 Google 포토에 업로드 메뉴를 실행하여 업로드하면 Wi-Fi에 연결되어 있지 않고 셀룰러로만 연결이 되어 있어도 구글포토에 업로드가 됩니다.

2. 구글 포토 OCR 기능 활용하기

OCR(Optical Character Reader)이란 광학문자판독으로 이미지에 있는 문자를 인식하여 문자로 인식하는 기술입니다. PC에서는 실행할 수 없고 모바일에서도 구글렌즈를 지원하는 일부기기에서만 활용이 가능하나 앞으로 확대되어 갈 전망입니다.

문서를 촬영한 후 구글포토 하단의 메뉴에서 구글렌즈 아이콘을 터치하여 실행합니다. 그러면 이미지에서 문자를 인식하여 추출하는 과정이 진행됩니다. 이 과정이 완료되면 이미지에서 텍스트를 선택할 수 있게 됩니다. 원하는 부분을 스와이프하여 문자를 선택하고 텍스트를 복사한 후 구글문서와 같이 문서 편집기에 붙여 넣으면 문자가 입력되는 것을 확인할 수 있습니다.

[그림25]
구글 포토의 OCR기능
활용순서

CHAPTER **03**

구글 포토 인공지능 활용팁

1. 동음이의어는 영어로 검색하라.

아무리 인공지능이 뛰어나다고 하더라도 여러 의미를 담고 있는 낱말을 검색하면 사용자가 무엇을 원하는지 정확하게 인식할 수 없습니다. 특히 동음이의어인 경우에는 내가 원하는 검색 결과를 정확하게 하지 못할 수 있으므로 영어로 검색을 하면 원하는 결과를 얻을 수 있습니다.

[그림26] '다리'를 검색한 결과

[그림27] 'bridge'를 검색한 결과

한글로 '다리'를 검색하면 신체의 일부인 다리가 나온 사진이 검색되지만 영어로 'bridge'로 검색을 하면 시설물로서의 다리가 나온 사진이 검색되어 나옵니다.

2. 구글 포토의 추천 메뉴를 활용하라

[그림28] 구글 포토 속 인공지능이 보정하고 편집한 사진

구글 포토의 추천메뉴에 들어가면 구글 포토의 인공지능이 편집한 사진을 볼 수 있습니다. 각각의 사진을 사용자들이 보기 좋게 색감을 편집하여 알려주는데 사진이 마음에 들면 사진을 선택 후 저장버튼을 누르면 변환된 사진이 앨범에 저장됩니다.

얼굴 인식 및 이미지 검색

[그림29] 이미지에서 얼굴을 찾아내는 예시.
https://commons.wikimedia.org/wiki/File:Face_detection_example_openCV.jpg

[그림30] 이미지에서 물체를 찾고 분류하는 예시
https://ko.wikipedia.org/wiki/%ED%8C%8C%EC%9D%B-C:Detected-with-YOLO--Schreibtisch-mit-Objekten.jpg

구글 포토에서 사용한 얼굴인식과 이미지 검색은 높은 성능을 보여주고 있습니다. 얼굴인식은 먼저 사진에서 얼굴을 찾고(Detecting) 그 부분만을 잘라(Crop)낸 후 그 얼굴이 누구 얼굴인지 분류(Classification)하는 과정을 거치게 됩니다. 얼굴인식은 이미 현실에서 상용화될 만큼 높은 성능을 보여주고 있습니다. 얼굴인식은 다양한 곳에 적용될 수 있습니다. 먼저 회사 출입 시스템을 기존에는 사원증으로 확인하고 있었다면, 얼굴인식 시스템을 도입하면 사원증이나 출입증을 따로 챙기지 않아도 회사에 들어갈 수 있습니다.

구글포토에서 사용한 이미지 검색 또한 높은 분류 성능을 보여줍니다. 이미지 검색을 하기 위해서는 먼저 해당 이미지의 물체가 어떤 것인지를 알아야 합니다.

이미지 인식 또한 얼굴인식처럼 이미지에서 물체 부분을 찾고(Detecting) 그 부분만을 사용해 어떤 이미지인지 분류하게 됩니다. 이미 YOLO와 COCO 같은 대용량 이미지 데이터 셋들이 공개되어 있으므로 해당 데이터 셋을 사용해 학습하면 높은 성능의 모델을 만들 수 있을 것입니다.

이미지 처리 기술은 딥러닝을 통해 복잡한(Complex) 모델을 만들 수 있게 되면서 발전하였습니다. 특히 2013년 이후부터는 인공지능이 인간보다 이미지를 더 잘 분류하게 되는 등 괄목한 만한 성과를 보여주었습니다. 이러한 이미지 처리 기술을 다양한 분야에 적용하면 사람들에게 좋은 서비스를 제공할 수 있을 것입니다.

PART 03

Google Arts & Culture로 만드는 인공지능 활용 미술 수업

미술 교육에도 인공지능이 접목될 수 있을까요? 구글의 Art Project로 시작한 Google Arts & Culture는 예술 플랫폼이자 문화 예술 프로젝트입니다. 이곳은 Google Cultural Institute와 제휴한 주요 박물관과 자료실 1,200여 곳의 콘텐츠를 온라인에서 고해상도로 감상할 수 있는 가상 미술관이기도 합니다. 이 웹페이지와 앱에서는 머신러닝 알고리즘을 활용한 카테고리별 작품 분류, AR과 VR을 활용한 작품 감상, 안면 인식 기술을 적용한 작품 검색 등 다양한 첨단기술을 활용하고 있습니다. 돋보기를 들고 보는 것처럼 작품을 자세히 들여다 볼 수 있는 미술관, 입장료도, 장소나 시간의 제약도 없이 누구에게나 열려 있는 미술관이 우리에게 제공되는 것입니다. 인공지능과 기술의 발전은 예술 작품을 감상하고 교육하는 방법에도 큰 변화를 가지고 올 것입니다. Google Arts & Culture를 활용한 미술 수업을 들여다보며 미술과 맞닿아 있는 인공지능을 경험해 봅시다.

교과 연관 단원 '미술'	4학년- 미술가에 더 가까이/ 미술 속 시간 여행을 떠나요 5학년- 어디에 숨어 있나요?/ 우리를 둘러싼 색/ 나에게 가는 시간 여행 6학년- 미술 세상 만나기/ 작품 속 시대가 보여요/ 무엇을 나타낼까요?

CHAPTER **01**

Google
Arts & Culture 살펴보기

1. Arts & Culture의 다양한 기능 탐색하기

(1) Arts & Culture 유튜브 페이지

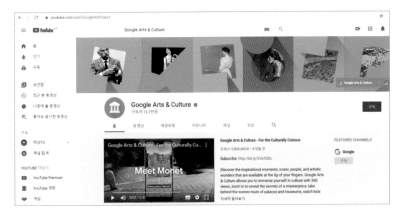

[그림1]Youtube 'Google Arts & Culture' 페이지
https://www.youtube.com/user/GoogleArtProject

먼저 Youtube의 Google Arts & Culture 페이지를 방문해 봅시다. 이 유튜브 페이지에서

는 Google Arts & Culture와 관련된 흥미로운 동영상들을 제공하고 있습니다.

'Art Zoom'에서는 100억 픽셀 화소의 아트 카메라로 촬영한 미술 작품들을 확대해서 들여다 볼 수 있습니다. 동영상들은 작품의 주제, 기법, 효과, 해석, 숨겨진 이야기 등을 마치 도슨트처럼 설명해 줍니다. 페이지 전체가 영어로 구성되어 있지만 동영상 우측 하단의 '설정'에서 자동 번역 기능을 사용하면 영어를 한국어로 번역한 자막을 바로 실시간으로 볼 수 있어서 감상에 불편함은 없습니다. 이러한 실시간 자동 번역 자막도 인공지능 기술의 발전으로 누릴 수 있는 혜택입니다.

'Behind Closed Doors'에서는 세계 곳곳의 미술관 속 숨겨진 장소, 출입이 통제된 장소들과 그곳의 예술품들을 탐방해 볼 수 있으며 'Arts & Culture in 360° VR'로는 360° VR로 미술 및 과학의 세계를 경험할 수 있습니다. 또한 오래된 예술 작품들을 보존하고 복원하는데 활용되는 다양한 과학 이야기, 테마별 미술 이야기 등을 볼 수 있어 문화 예술에 관한 폭넓은 시야를 제공해줍니다.

특히 'Google Arts & Culture Lab'에서는 우리를 예술, 문화와 새로운 방법으로 연결해 주는 다양한 기술들을 소개하고 있습니다. 구글 아트 앤 컬쳐 연구소에서 예술가들과 공학자들이 어떻게 협업하는지, 문화 예술에서 인공지능을 어떻게 활용하고 있는지를 알아볼 수 있습니다. 아래의 영상을 통해 애플리케이션 속 인공지능이 어떻게 활용되는지 간단히 살펴봅시다.

[그림2]
'Google Arts & Culture' Youtube
https://www.youtube.com/
watch?v=xgnxnmqnR7Y

[그림3]
Google Arts & Culture Lab
https://www.youtube.com/
watch?v=xgnxnmqnR7Y

인공지능은 머신러닝 기법을 통해 많은 이미지 데이터에서 패턴을 찾아냅니다. 가령 동물 사진을 분류한다면, 고양이의 뾰족한 귀와, 개의 둥근 귀가 두 동물 사진의 패턴이 될 수 있습니다.

또한 인공지능은 이미지에 키워드 태그가 달린 데이터를 확보하고 이를 신경망 기법으로 학습시킵니다. 학습 알고리즘을 바탕으로 새로운 이미지가 주어지면 이미지에 해당하는 태그가 달리게 됩니다. 작품마다 부여된 태그로 인공지능은 작품을 키워드로 분류하고 검색할 수 있게 해 줍니다.

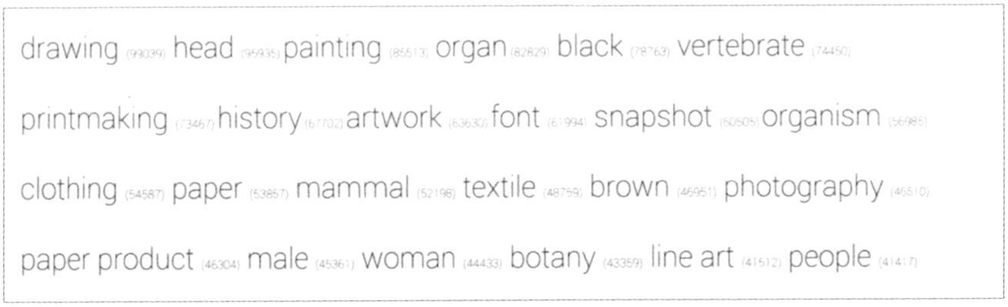

drawing (99039) head (96935) painting (88613) organ (82629) black (78763) vertebrate (74450)

printmaking (73467) history (67702) artwork (63630) font (61994) snapshot (52505) organism (56988)

clothing (54587) paper (53857) mammal (52196) textile (48759) brown (46951) photography (46510)

paper product (46304) male (45361) woman (44433) botany (43359) line art (41512) people (41417)

[그림4] 인공지능이 이미지에 부여한 태그
https://www.youtube.com/watch?v=xgnxnmqnR7Y 발췌

예를 들어 선(line), 초록색(green)을 키워드로 검색하면 인공지능은 선과 초록의 태그를 부여한 이미지를 찾아줍니다. 그뿐 아니라 이러한 태그가 달린 전시회, 작품, 인물, 사건, 이야기 등도 검색을 통해 찾아볼 수 있습니다.

[그림5] Arts & Culture 키워드 검색1 (line, green)
https://artsandculture.google.com/search?q=line%2C%20green

슬픈(sad), 동물(animal)을 키워드로 검색했을 때에도 아래와 같이 태그를 사용하여 작품들을 찾아줍니다. 이처럼 인공지능이 스스로 이미지의 패턴을 익히고 분류하기 때문에 우리는 더 많은 연관 작품들을 쉽게 찾아볼 수 있습니다.

[그림6] Arts & Culture 키워드 검색2 (sad, animal)
https://artsandculture.google.com/search?q=sad%2C%20animal

(2) 애플리케이션 설치

[그림7] Arts&Culture app 설치
https://play.google.com/store/apps/de-
tails?id=com.google.android.apps.cultural

[그림8] Google Arts&Culture 애플리케이션 메인 화면

아트 앤 컬처는 웹페이지 (https://artsandculture.google.com)에서도 사용할 수 있습니다. 하지만 얼굴 인식을 통한 작품 검색, 컬러 파레트를 이용한 색 탐색 등 카메라를 활용하는 기능은 애플리케이션에서만 사용할 수 있습니다. 애플리케이션을 사용하기 위해 App Store나 Play Store에서 'Arts&Culture' 또는 '아트 앤 컬처'로 검색하여 다운로드 후 설치해 줍니다. 첫 실행시 'Arts and Culture에서 사진을 촬영하고 동영상을 녹화하도록 허용하시겠습니까?' 팝업이 뜨면 허용을 눌러서 사용해 줍니다.

(3) 애플리케이션의 다양한 기능 알아보기[1]

[그림9] Arts&Culture 스트리트뷰1

[그림10] Arts&Culture 스트리트뷰2 (마감된 전시회 관람)

Arts & Culture 애플리케이션에는 Google 스트리트뷰 기능이 있습니다. 우리가 평소에

---

1) 이미지 출처
(그림 9) https://artsandculture.google.com/project/street-view
(그림 10) https://artsandculture.google.com/story/6-now-closed-exhibitions-that-you-can-still-explore-in-street-view/AgJS_V6WxTWzKw

길을 찾거나 지역을 둘러보기 위해 사용하는 스트리트뷰와 동일한 기능이지만, 박물관이나 미술관, 경기장 등 건물의 내부도 살펴볼 수 있다는 점이 흥미롭습니다. 국제 우주 정거장의 내부나 유럽원자핵공동연구소의 지하 공간 등 일반인이 출입할 수 없는 공간까지도 Arts & Culture의 스트리트 뷰에서 경험할 수 있으며 이미 마감된 전시도 시간을 거슬러 감상할 수 있습니다.

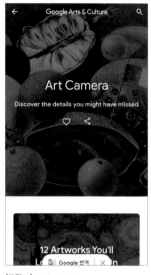

[그림11] Art Camera
https://artsandculture.google.com/
project/art-camera

[그림12] https://artsandculture.google.com/asset/
the-starry-night-vincent-van-gogh/bgEuwDx-
el93-Pg

'Explore in High Definition' 메뉴에서는 아트 카메라로 촬영한 고해상도 작품을 제공합니다. 반 고흐의 별이 '빛나는 밤에' 그림을 90% 확대하면 물감이 갈라진 크랙과 붓이 지나간 자국까지 자세히 볼 수 있습니다. 이 외에도 Arts & Culture에는 세계 각국의 미술관별 컬렉션, 추천 테마별 미술 저널, 미술과 기술, 과학, 공학의 경계를 깨뜨리는 다양한 실험 등의 다양한 컨텐츠들이 있습니다. 이렇게 풍부한 컨텐츠들을 잘 활용한다면 미술 수업으로의 재미있는 접근과 동시에 우리의 삶도 미술과 더 가까워질 수 있을 것입니다.

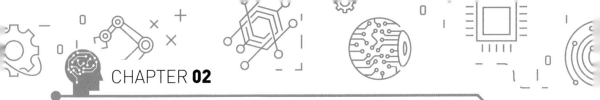

CHAPTER **02**

Color Palette로 경험하는
색의 세계

1. 우리 주위의 색

(1) Pantone '올해의 색'

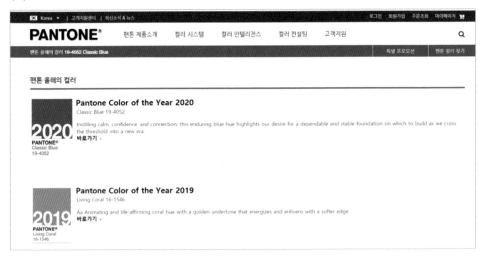

[그림13] 팬톤코리아 홈페이지 '올해의 컬러'
http://www.pantone.kr/ColoroftheYear_landing.html

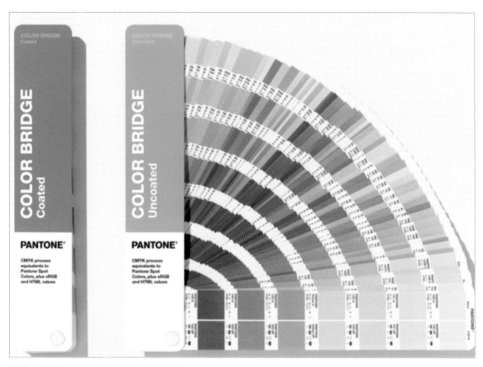

[그림14] 팬톤에서 판매하는 컬러 브릿지 (2,139가지 색상)
http://www.pantone.kr/product/detail.html?product_no=304&cate_no=103&display_group=1

색상 연구소를 운영하는 세계적인 기업 Pantone에서는 매년 '올해의 색'을 발표합니다. 빅데이터를 분석해 가장 주목받는 색상을 가려내고 타당성을 검토하여 선정되는 '올해의 색'은 패션과 뷰티 산업 전반은 물론 IT, 인테리어, 그래픽 디자인 등 여러 산업에서 제품 개발 및 구매 결정에 큰 영향을 미칩니다. 이렇게 올해의 색을 정하는 이유는 사람들이 색에 대한 이야기를 더 많이 나누도록 자극하기 위해서라고 합니다. 색에 대한 관심을 통해 색이 얼마나 중요한지 깨닫게 하고 인간의 창의적인 활동에 자극을 줄 수 있다는 것입니다.

색에 대한 탐색은 우리의 사고를 확장시키고 시야를 넓혀 줍니다. 미술 교육 활동의 3단계인 탐색, 표현, 감상 중 탐색을 가장 먼저 하는 이유이기도 합니다. Color Palette를 활용하여 우리 주위의 색을 조금 더 섬세하고 즐겁게 탐색해 봅시다.

(2) Color Palette로 주변의 색 탐색하기

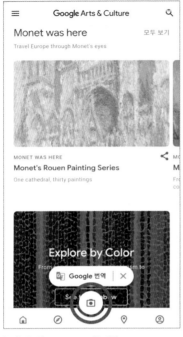
[그림15] 그림Color Palette 메뉴 진입

[그림16] Color Palette 사진 촬영

    Color Palette[2]는 사진의 색상을 이용하여 예술 작품을 검색할 수 있는 기능입니다. Arts & Culture 앱을 실행하였을 때 메인 화면 중앙 하단에 생기는 카메라 모양 아이콘을 선택하면 두 번째 메뉴의 'Color Palette'를 실행할 수 있습니다. 하단 왼쪽의 전환 버튼으로 전면 또는 후면 카메라를 선택할 수 있습니다.

    사진 찍기를 이용해서 대상을 촬영하면 인공지능은 대상 속 주요 색 다섯 가지를 선택하고, 그 다섯 가지 색들이 사용된 예술 작품들을 검색해 줍니다.

---

2)   그림15~24,27,28은 Google Arts&Culture 애플리케이션의 'Color Palette' 기능을 활용하여 인출

[그림17] Color Palette 색 검색 1   [그림18] Color Palette 검색 결과 1

만약, 인공지능이 제안한 다섯 가지 색이 마음에 들지 않는다면 둥근 모양의 색 점을 드래그하여 원하는 색이 있는 곳에 놓아주면 됩니다. 이렇게 검색한 결과 나온 예술 작품들은 회화나 조각에 그치지 않고 디자인, 건축, 조형 등 다양한 분야를 아우르기 때문에 색에 대한 보다 폭넓은 탐색이 가능합니다.

직접 사진을 촬영하지 않고, 내 휴대폰 속 이미지를 사용하여 색을 검색해 볼 수도 있습니다. 하단 오른쪽의 사진 아이콘을 눌러 휴대폰에 저장되어있는 이미지를 선택하면 마찬가지로 인공지능이 이미지에서 추출한 다섯 가지 색상을 사용한 다양한 작품을 검색해 줍니다.

[그림19] Color Palette 색 검색2 　　　[그림20] Color Palette 검색 결과2

우리는 주변의 색을 탐색할 때 단순히 빨강, 파랑 등의 주요 원색으로만 구분하여 인식하지만 실제로는 셀 수 없이 많은 색을 보고 있습니다. 팬톤의 색상 연구소에서 사용하는 색상표만 해도 2,000가지가 넘는 색을 기준으로 사용하고 있을 정도입니다. 하지만, 사람의 눈으로 구분하는 데는 한계가 있으므로 Color Palette를 사용하여 더욱 다양한 색을 인식할 수 있으며 그 색상들이 어떻게 사용되는지 아이디어를 얻을 수 있습니다.

자연의 색, 오늘 내가 입은 옷의 색, 우리 집 커텐의 색 등 우리 주위의 색을 탐색하고, 색을 이용한 다양한 미술 작품을 보며 색이 주는 느낌과 우리 생활에서 색을 활용하는 방식을 알 수 있습니다.

(3) Color Palette로 색상별 미술 작품 감상하기

[그림21] 색상 탐색기 메뉴

[그림22] 색상 탐색기 grey

　색상 탐색기를 사용하여 색상별 미술 작품을 감상할 수도 있습니다. 메인 화면의 메뉴 중 'Explore by Color'에서는 12색상환 띠를 사용하여 작품을 탐색할 수 있습니다.

　화면 중앙의 색상 띠를 드래그하여 색상을 선택하면 선택한 색을 사용한 명화들을 보여 줍니다. 이 색상 탐색기를 사용하면 색에 따른 느낌과 분위기를 생생하게 경험할 수 있습니다. 회색을 주요색으로 한 작품들은 우울하거나 차분한 느낌, 정적인 느낌을 주고, 빨강을 주요색으로 한 작품들은 역동적이며 강렬한 느낌을 준다는 것을 다양한 그림들을 살펴보며 느낄 수 있습니다.

2. Color Palette로 생활 속에서 만나는 색 알아보기

 관련 교과 및 연관 단원 : 미술 5학년 금성(김정선) 2. 색다른 느낌

(1) 색에 관하여 이야기하기

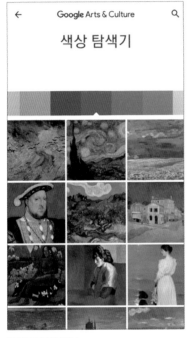

[그림23] 색상 탐색기 blue

[그림24] 색상 탐색기 red

 · Google Color Palette의 색상환에서 내가 좋아하는 색을 선택해 봅시다.
· 내가 좋아하는 색의 느낌을 이야기 해 봅시다.

[그림25] 빈센트 반 고흐-Allee bei Arles
https://artsandculture.google.com/as-
set/allee-bei-arles/FgFPQjgUyC31jA

[그림26] 그림 에두아르 마네-the flight of Henri
Rochefort
https://artsandculture.google.com/asset/
the-flight-of-henri-rochefort-edouard-
manet/pQFbuV4cr3HSag

 · 내가 좋아하는 색을 사용한 예술 작품을 찾아 감상해 봅시다.
· 찾은 작품 중 어두운 작품과 밝은 작품, 맑고 선명한 색과 탁한 색의 작품
  을 찾아봅시다.
· 같은 색을 사용하였지만 작품마다 느낌이 다른 이유는 무엇일까요?

(2) 색이 활용된 곳 살펴보기

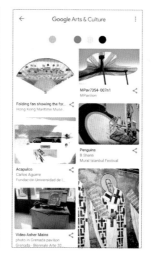

[그림27] 내가 입은 옷의 색상 검색하기

[그림28] 내가 입은 옷의 색상 검색 결과

· 물건이나 옷을 살 때 자주 고르는 색은 어떤 색인가요?
· 내가 입은 옷을 Color Palette를 이용하여 사진으로 찍어 봅시다.
· 내가 오늘 입은 옷에는 어떤 색이 숨어 있나요?
· 내가 입은 옷의 색상을 사용한 미술 작품은 어떤 것이 있는지 찾아봅시다.
· 내가 찾은 미술 작품은 어떤 느낌을 주나요?

(3) 세상을 바꾸고 마음을 움직이는 색

[그림29] https://pixabay.com/images/id-103155/

[그림30] https://commons.wikimedia.org/wiki/File:Children%27s_library,_Leeds_Central_Library.jpg

[그림31] https://commons.wikimedia.org/wiki/File:Bo-kaap_colorful_buildings_01.jpg

[그림32] 제주 더럭초등학교 애월분교
https://upload.wikimedia.org/wikipedia/commons/1/19/Jeju_Deoreok_Branch_School.jpg

· 생활 주변에서 색이 기분이나 느낌에 영향을 주는 것을 경험한 적이 있나요?
· 유치원, 어린이 도서관 등에는 주로 어떤 색을 사용할까요?
· 어린이들이 이용하는 건물에 이러한 색들을 사용하는 이유는 무엇일까요?

[그림33] 인천부평동초등학교 외관

[그림34] 새롭게 디자인한 학교1

[그림35] 새롭게 디자인한 학교2

[그림36] 새롭게 디자인한 학교3

· 우리 학교의 외벽은 주로 어떤 색을 사용하고 있나요?

· 우리 학교를 새롭게 단장한다면 어떤 색을 사용하면 좋을까요? 내가 선택한 색을 사용하여 우리 학교를 새롭게 단장해 봅시다.

· 친구들이 선택한 색으로 꾸민 학교는 어떤 느낌이 드나요?

CHAPTER **03**

Art Selfie로
나와 닮은 그림 찾기

1. 나와 닮은 그림 찾기

(1) Art Selfie 사용하기

[그림37] Art Selfie 메뉴

[그림38] Art Selfie 얼굴 인식

Art Selfie$^{3)}$ 는 안면 인식 기술을 사용하여 사용자와 닮은 초상화를 찾아주는 기능입니다. 핸드폰 카메라를 사용하여 사진을 찍으면 인공지능이 이목구비와 얼굴형 등의 형태를 파악한 뒤 나와 닮은 초상화를 검색해 줍니다.

[그림39] Art Selfie 검색 결과1

[그림40] Art Selfie 검색 결과2

검색된 여러 작품은 나와 닮은 정도를 퍼센테이지로 보여줍니다. 여러 번 반복해서 실행해 본 결과, 여성의 경우 동양인 여성의 그림이 높은 일치도를 가진 것으로 검색되었으며 아기의 경우 아기나 어린이의 그림이 검색되어 인공지능이 꽤 높은 정확도로 얼굴을 인식하는 것을 알 수 있습니다.

하지만 기계 학습에 사용된 데이터가 백인과 남성을 중심으로 구성되어 있기 때문에 흑인

---

3) 그림 35~38, 40~42는 Google Arts&Culture 애플리케이션의 'Art Selfie' 기능을 활용하여 인출

이나 아시아인의 경우 백인에 비해 얼굴 인식 성공률이 떨어질 수 있습니다.[4]

이 앱을 사용해 본 뒤, 현실 세계의 편견이나 차별이 인공지능에까지 영향을 미치는 것에 대해 학생들과 이야기를 나누어 볼 수도 있습니다.

[그림41] 아이 주안-The Third Generation
https://artsandculture.google.com/asset/
mQEVKeaLhK6zyA

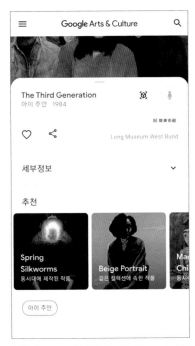

[그림42] Art Selfie '아이 주안-The Third Generation'과의 연관 추천 작품

나와 닮은 작품을 찾아 '예술작품 보기'를 누르면 작품명, 작가의 이름, 작품이 보관된 미술관의 정보 등 작품의 세부 정보를 확인할 수 있습니다. 나와 닮은 초상화가 어떤 작품의 한 부분이라면 작품의 전체 모습도 자세히 살펴볼 수 있습니다.

또한, 이 작품과 시각적으로 유사한 작품, 같은 재료를 사용한 작품, 동시대에 제작된 작품,

4) http://dongascience.donga.com/news.php?idx=21565

같은 컬렉션에 속한 작품 등 작품에 부여된 태그와 카테고리에 따라 더욱 많은 작품들을 만나볼 수 있습니다.

[그림43] Art Selfie VR 작품 전시실
(Long Museum West Bund, Shanghai, China)

[그림44] Art Selfie AR 작품 감상

　　그림 41과 같이 작품 오른쪽 하단의 사람 모양 아이콘을 누르면 작품을 전시하고 있는 미술관을 가상현실(Virtual Rearlity, VR)을 사용하여 투어할 수 있습니다. 하나의 작품을 찾아낸 것에서 나아가 그 작품이 있는 전시관 전체를 볼 수 있는 것입니다.

　　사람 모양의 VR아이콘 왼쪽에는 큐브 모양의 AR아이콘이 있습니다. 아이콘을 누르면 작품을 현실 세계에 증강 현실(Augmented Reality, AR)로 비추어 줍니다. 작품의 위치와 크기를 조절하여 우리 집이나 학교의 벽면 등에 배치해 볼 수 있고, 배치된 모습을 사진으로 저장할 수도 있습니다.

(2) 그림으로 소개하는 니

학년 초, 교실에서는 친구들에게 니 지신을 소개하는 작품을 많이 만듭니다. 종이 접시에 꽃모양을 만들어 꽃잎마다 자신을 소개하는 글을 쓰기도 하고, 사진을 붙이고 꾸며서 나의 어린 시절이나 장래 희망, 특징을 표현하기도 합니다.

나와 닮은 초상화를 이용하여 나를 소개해보면 어떨까요? 나와 닮은 초상화를 찾아보며 나를 탐색하는 시간과 동시에 새로운 미술 작품을 감상할 수 있습니다. 또한, 나를 표현하고 소개하는 작품을 전시함으로서 친구들이 서로를 알아감과 동시에 우리 반 학생 수 만큼 다양한 그림들을 새로 접할 수 있을 것입니다.

[그림45] 자기소개 예시 작품1

[그림46] 자기소개 예시 작품2

[그림47] 자기소개 예시 작품3

2. 그림으로 나를 소개하기

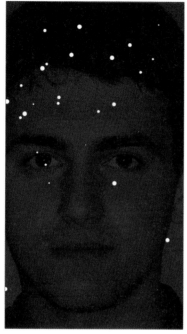

[그림48] Art Selfie 사진 검색
https://thispersondoesnotexist.com/

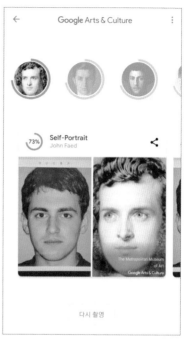

[그림49] Art Selfie 검색 결과
https://artsandculture.google.com/asset/self-
portrait-john-faed/GQHTvE59hRKeUg

먼저 태블릿 PC나 핸드폰을 이용하여 Art Selfie를 촬영합니다. 검색된 여러 초상화 중 일치도가 높거나 마음에 드는 것을 선택하여 오른쪽의 공유하기 아이콘을 누릅니다. 학급 커뮤니티를 사용한다면 학급 클래스팅이나 밴드, 카페 등에 사진을 직접 올릴 수 있으며 선생님이 공유해 주신 구글 포토나 드라이브에 사진을 업로드 할 수도 있습니다. 이렇게 저장한 사진을 이용하여 자유로운 방법으로 자신을 소개하는 게시물을 만들 수 있습니다.

[그림50] 자기소개 예시 자료

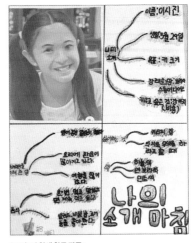
[그림51] 학생 활동 작품1

　　나와 닮은 초상화를 자기소개 내용의 한 부분으로 사용하거나, 미술 작품을 중점적으로 안내하고, 작품과 닮은 나에 대해 소개할 수도 있습니다. 학생 개개인이 자유로운 형식으로 나 자신에 대해 소개하고, 더불어 나와 닮은 초상화를 소개함으로서 자기 자신을 탐색함과 동시에 잘 알려지지 않은 화가나 미술 작품을 감상할 수 있는 기회가 됩니다. 이렇게 완성한 작품을 교실에 전시하면 교실이 작은 미술관이 될 수도 있습니다.

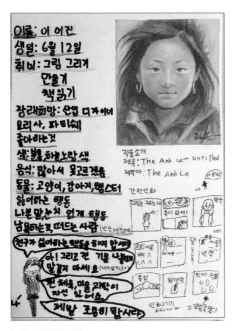

[그림52] 학생 활동 작품2

[그림53] 학생 활동 작품3

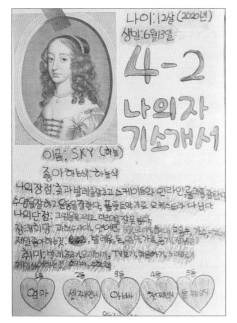

[그림54] 학생 활동 작품4

[그림55] 학생 활동 작품5

EXPERTS AREA
신경망을 활용한 이미지 인식

구글 아트앤 컬쳐 서비스에서는 사용자가 찍는 셀카를 인식하여 유사한 작품을 제시하거나, 작품의 키워드들을 태깅하는 기술이 접목되었습니다. 여기에 활용된 기술은 얼굴 인식과, 이미지 인식이며, 이 둘은 큰 범위에서 객체 인식(Object Recognition) 연구 분야에 포함됩니다. 객체 인식은 컴퓨터가 특정 이미지를 입력받았을 때, 이미지 속 객체를 탐지해내고 특징을 추출하는 과정을 연구합니다. 이를 기반으로 이미지 분류 혹은 이미지 태깅과 같은 작업을 진행하는 것입니다.

객체 인식은 기계 학습(머신러닝) 또는 신경망 알고리즘을 활용한 심층 학습(딥러닝)으로 진행됩니다. 학습을 진행하기 위해선 이미지를 컴퓨터가 학습 가

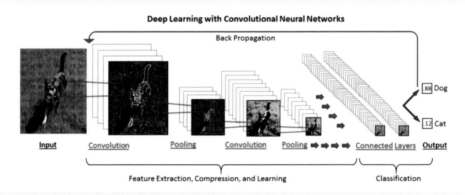

[그림56] 논문출처 https://www.ncbi.nlm.nih.gov/pmc/articles/PMC6059998/

객체 인식은 컴퓨터가 특정 이미지를 입력받았을 때, 이미지 속 객체를 탐지해내고 특징을 추출하는 과정을 연구합니다. 이를 기반으로 이미지 분류 혹은 이미지 태깅과 같은 작업을 진행하는 것입니다.

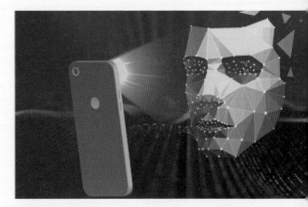

능한 숫자 벡터로 변환시키는 과정이 필요합니다. 이때 학습 이미지의 색상 Red, Green, Blue (RGB)를 숫자 값으로 변환하고, 이를 이미지 크기만큼의 행렬 매트릭스 값으로 입력합니다. 가령 가로가 10 픽셀, 세로가 10 픽셀의 이미지를 RGB 필터의 벡터로 표현한다면, 10x10 크기의 3차원 데이터(10*10*3) 를 인공지능 학습에 사용히는 것이지요. 현재 객체 인식에 보편적으로 활용되는 심층 학습(딥러닝) 기술은 합성곱 신경망 CNN (convolutional neural network)입니다. CNN은 필터를 활용하여 이미지 부분 특징을 추출하며, 각 필터마다 이미지의 다른 특성을 잡아냅니다. 현재는 이 합성곱 신경망 구조를 토대로 더욱 변형시킨 알고리즘이 등장했고, 객체 인식 분야에서 높은 성능을 보이고 있습니다.

객체 인식 기술은 실제로 다양한 분야에서 활용되고 있습니다. 최근 애플, 삼성, LG 기업의 스마트폰들은 지문 인식을 넘어서 얼굴 인식으로 1초보다 더 짧은 시간에 잠금을 해제하는 기술을 도입했습니다. 학습된 인공지능이 인간의 얼굴의 특징점을 빠르게 파악하고 기존 데이터베이스에 저장된 사진과 비교 대조를 거친 뒤 빠르게 판단하는 것입니다. 나아가 도로 위의 자동차와 보행자를 인식하는 자율 주행 자동차, 공항 보안과 출입국 심사 등 광범위한 분야에서 활용될 수 있는 중요한 기술입니다.

엔씨소프트가 개발, 출시한 페이지(PAIGE) 앱

AI 기술을 활용하는 은행도 들고 있습니다. 우리은행은 수출입 서류 분류와 텍스트 추출, 데이터 축적, 심사 프로세스 등을 AI로 자동화했다고 밝혔습니다. 우리은행 관계자는 "대부분 작업을 기술이 대신하기 때문에 사람은 추가 검증이나 심층심사가 필요한 부분에 역량을 집중할 수 있게 된다"며 "그만큼 심사의 정확도와 효율성을 높일 수 있다"고 설명했습니다[1].

야구 하이라이트를 자동으로 생성하는 AI로 개발되었습니다. 엔씨소프트(대표 김택진)는 인공지능(AI) 기반 야구 정보 서비스 '페이지(PAIGE)'의 풀 액세스(Full Access) 버전을 2018년 출시했습니다. 페이지는 AI 기술을 활용해 야구 콘텐츠를 실시간으로 생성·요약·편집하고, 이용자가 원하는 팀과 선수의 정보를 편리하게 제공해주는 서비스입니다. 페이지 이용자는 관심 구단을 설정 후 선호 구단의 뉴스·경기 일정·결과·순위 등의 정보를 한눈에 확인할 수 있습니다. 원리는 다음과 같습니다[2].

이미지 인식 기술을 이용하여 우선 야구 중계 동영상의 각 시점에 대한 정보를 기록하게 됩니다. 이렇게 기록된 정보 하이라이트 검색 키워드를 활용하여 하이라이트 구간의 시작과 끝 지점을 찾게 됩니다. 또한 페이지 앱에는 인공지능 챗봇도 있어 경기를 관람하며 대화를 나눌 수도 있습니다.

1)   https://www.hankyung.com/finance/article/202001224419i
2)   http://www.techholic.co.kr/news/articleView.html?idxno=177143#rs

PART 04

인공지능(AI)으로 바흐처럼 작곡하기

구글 두들(GOOGLE DOODLE)은 구글이 특별한 날(기념일, 행사, 업적, 인물)을 기리기 위해 일시적으로 바꿔 놓는 구글 메인 페이지 로고입니다. 2019년 3월 21일, 구글은 바로크 시대의 대표적인 작곡가 요한 제바스티안 바흐(Johann Sebastian Bach, 1685~1750)의 탄생일을 맞이하여 구글 메인 화면에 인공지능(AI) 작곡 구글 두들(GOOGLE DOODLE)을 선보였습니다.

바흐의 탄생일을 기념한 작곡 구글 두들은 두들 서비스에 인공지능(AI)을 처음으로 접목한 사례입니다. 이 두들 로고를 누르고 짧은 두 마디의 멜로디를 입력하면 인공지능(AI)이 바흐의 느낌과 형식이 잘 드러나는 새로운 형식의 음악을 만들어 연주해줍니다. 이제까지 음악은 인간만이 할 수 있는 창작의 영역으로 여겨졌던 것만큼 인공지능에 의해 음악이 작곡될 수 있다는 것은 그동안 음악에 가졌던 선입견이 무너질 수 있음을 보여줍니다.

그러나 다른 한편으로 작곡을 대단한 누군가의 능력으로만 생각했던 이용자들에게는 더없이 즐겁고 신기한 경험이 될 수도 있습니다. 학생들에게 음악 시간에 주어지는 작곡의 시간은 짧은 두 마디라 할지라도 가장 어렵고 힘든 시간입니다. 따라서 짧은 멜로디를 입력하고 화성 만들기를 누르기만 하면 너무 쉽게 완성도 높은 곡을 만들어 들려주는 이 구글 두들은 학생들에게 작곡 시간이 신기하고 재미있는 음악 수업이 될 수 있음을 보여줍니다. 인공지능 작곡 구글 두들을 통해 음악 시간에 학생들이 어려움 없이 자유롭게 작곡하고 완성도 있는 음악을 체험할 수 있는 더없이 좋은 기회가 될 것입니다.

교과 연관 단원	5학년 음악- 제재곡의 가락의 일부를 바꾸어 노래 부르기 6학년 음악- 제재곡의 노랫말을 바꾸거나 노랫말에 맞는 말붙임새 만들기 6학년 음악- 제재곡의 일부 가락 바꾸어 표현하기 6학년 음악- 악곡의 노랫말과 음악의 구성 요소를 활용하여 음악적 산출물을 창의적으로 만들고 표현하기

CHAPTER **01**

인공지능(AI) 작곡
구글 두들 살펴보기

1. 인공지능(AI) 작곡 구글 두들 탐색하기

(1) 바흐 탄생일을 기념하는 구글 두들[1] 에 대하여

[그림1] 요한 제바스티안 바흐 탄생 기념 구글 두들

---

1)   https://www.google.com/doodles/celebrating-johann-sebastian-bach

2019년 3월 21일, 구글은 세계적으로 유명한 독일 작곡가인 요한 제바스티안 바흐(Johann Sebastian Bach)의 탄생일을 기념하여 전 세계 구글 메인 페이지를 피아노를 연주하는 모습의 캐릭터 로고로 바꾸어 놓았습니다. 이 구글 두들은 인공지능(AI) 작곡 두들로 구글의 마젠타(Magenta)가 개발한 머신 러닝 알고리즘 코코넷(Coconet)을 기반으로 하여 구글의 마젠타(Magenta)와 페어(PAIR) 연구팀의 협력을 통해 만들어졌습니다. 이용자가 간단히 버튼을 눌러 멜로디를 입력하면 머신 러닝을 사용하여 이용자가 만든 멜로디에 따라 각기 다른 바흐 스타일의 음악으로 만들어 주는 작곡 두들입니다.

(2) 바흐의 음악과 인공지능

인공지능은 어떻게 바흐 음악의 전문가가 될 수 있었을까요?

우선 코코넷(Coconet)은 306개의 바흐의 합창곡을 학습했습니다. 바흐의 곡을 쪼개서 여러 조각으로 나눈 후 임의로 음을 지워버리면 코코넷이 그 지워진 음을 추측하여 메꾸는 과정으로 학습을 진행하였습니다. 이러한 과정을 통해 코코넷은 바흐 곡들의 패턴을 분석하게 되었고, 이용자가 어떤 음을 입력하면 코코넷이 불완전한 부분을 채워 바흐 스타일의 새로운 음악을 작곡할 수 있는 능력이 생기게 된 것 입니다.

그러면 인공지능이 학습을 통해 바흐의 음악 스타일로 작곡을 할 수 있는 이유는 무엇일까요? 이는 바흐의 음악이 바로크 시대의 다른 음악과 마찬가지로 일정한 패턴을 가지고 있어 인공지능 학습에 적합하기 때문입니다. 이러한 이유로 앞으로 인공지능이 인간이 만든 수많은 곡을 분석하여 여러 장르와 분위기, 악기 등에 적합한 음악을 만들 수 있는 시대가 그리 멀지 않았음을 알 수 있습니다.

2. 인공지능 작곡 구글 두들 기능 살펴보기

(1) 인공지능 작곡 구글 두들 열기

구글 두들(GOOGLE DOODLE)은 구글이 특별한 날을 기념하여 일시적으로 바꿔 놓는 구글 홈페이지 로고입니다. 구글은 2019년 3월 21일, 요한 제바스티안 바흐(Johann Sebastian Bach)의 탄생을 기념하여 구글 메인 화면에 인공지능(AI) 작곡 구글 두들을 선보였습니다. 구글 두들은 구글 홈페이지 로고이므로 따로 모바일 애플리케이션의 형식으로 존재하지 않으며, 이에 따라 모바일이나 컴퓨터에서 구글 검색창에 '구글 두들 바흐'를 검색하여 바흐 탄생 기념 두들 로고를 클릭하면 이용할 수 있습니다.

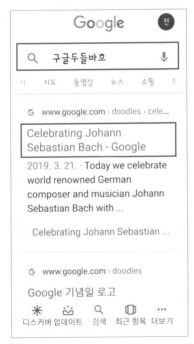

[그림2] 구글 두들 바흐 검색

[그림3] 모바일 구글 두들 로고

(2) 인공지능 작곡 구글 두들 소개하기

[그림4] 인공지능 작곡 구글 두들 첫 화면

 인공지능 작곡 구글 두들 로고을 클릭하면 위와 같이 첫 화면이 뜨게 됩니다. 이후에 직접 작곡을 하기 전에 인공지능이 바흐 스타일의 음악으로 어떻게 작곡하는지 간단한 소개 영상이 등장합니다.

 아래와 같이 먼저 보이는 악보에 두 마디의 간단한 음을 입력하면 주어진 멜로디에 컴퓨터가 인공지능으로 세 파트의 음을 추가하여 매력적인 바흐 스타일의 음악이 만들어 연주하여 줍니다.

[그림5] 바흐 스타일 작곡 과정 소개

(3) 인공지능 작곡 구글 두들 기능 살펴보기

지금부터 직접 작곡을 하며 그 기능을 자세히 살펴보겠습니다.

먼저 작곡 창에 있는 예시 곡으로 한 번 작동시켜보도록 합니다.

1) 왼쪽 아래 있는 별표를 클릭합니다.

2) '작은 별' 중에 일부 멜로디가 표시됩니다. 이때 아래 플레이 버튼(▷)을 클릭하면 기본 멜로디가 연주됩니다.

3) 오른쪽 아래에 있는 '화음 넣기' 버튼을 클릭합니다.

4) 기본 멜로디에 알토, 테너, 베이스의 화음이 덧붙여져 4성부의 매력적인 바흐 스타일의 '작은 별' 곡이 연주됩니다.

5) 만약 작곡된 곡이 마음에 들지 않을 경우 왼쪽 아래 회전 버튼을 클릭합니다.

6) 같은 멜로디에 다른 화음이 만들어지며 새로운 바흐 스타일의 곡이 완성됩니다.

7) 오른쪽 '연필 버튼'을 클릭하면 원래 멜로디만 있는 화면으로, '삭제 버튼'을 클릭하면 악보만 있는 화면으로 전환됩니다.

직접 작곡을 통해 기본 기능을 익혀보도록 하겠습니다.

1) 먼저 손가락으로 음을 표시합니다. 악보의 흰색 선 위에 표시하면 4분음표로, 벗어나면 8분, 16분음표로 표시됩니다.

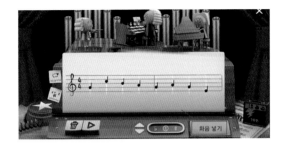

2) 기본 멜로디를 만들면 플레이 버튼(▷)을 클릭하여 멜로디를 들어봅니다. 마음에 들면 오른쪽 화음 넣기 버튼을 클릭합니다.

3) 네 파트의 화음이 있는 바흐 스타일의 나만의 음악이 완성됩니다.

4) 이때 자신이 만든 음악을 저장할 수 있습니다. 왼쪽 위에 있는 미디 버튼을 클릭하여 저장합니다.

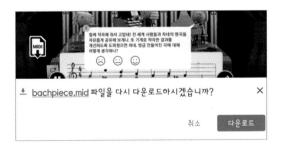

5) 파일로 저장하여 자신이 작곡한 음악을 들을 수 있습니다.

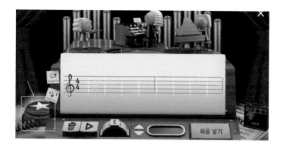

6) 왼쪽의 빨간 별을 클릭하면 조를 바꿔 작곡을 할 수 있습니다.

7) 같은 멜로디라도 코드를 바꿔 다른 음악을 만들 수 있습니다.

8) 화음을 넣으면 전혀 다른 느낌의 음악이 완성됩니다.

이번에는 락 스타일의 음악으로 작곡하는 방법을 알아보도록 하겠습니다.

1) 락 스타일의 음악을 만들기 위해서는 오른쪽 아래에 있는 검은 상자를 클릭합니다.

2) 락 화면으로 바뀌면 왼쪽 손 모양을 클릭합니다. 락 장르의 예시곡이 나옵니다

3) 화음 넣기를 클릭하면 새로운 락 스타일의 바흐 음악이 완성됩니다.

4) 이제 락 스타일의 음악을 만들기 위해서 기본 멜로디를 입력합니다.

5) 화음 넣기를 클릭하면 자신만의 락 스타일 바흐 음악이 완성됩니다.

CHAPTER **02**

인공지능 작곡 구글 두들 활용하기

1. 가락 일부 바꾸어 표현하기

초등 음악 수업에서 작곡 활동은 학생이나 교사 모두에게 가장 힘든 수업 중의 하나입니다. 교사도 작곡의 경험이 없거나 적고 학생들도 음악 관련 활동을 많이 해보지 않아 작곡은 어려운 영역으로 여겨져 왔습니다. 이에 인공지능 작곡 두들을 활용하여 작곡 활동을 해보는 것은 학생들에게 신기하고 재미있는 경험이 될 수 있으리라 생각됩니다.

보통 작곡 수업을 할 때 학생들은 악보에 음표를 그리고 리코더나 멜로디언으로 연주를 해보며 작곡을 합니다. 음악 공부를 했거나 리듬감 혹은 음감이 있는 학생의 경우 쉽게 작곡을 하지만 그 이외의 학생들은 그저 바라볼 수 밖에 없는 미지의 영역입니다. 그러나 인공지능 작곡 두들을 활용한다면 음악적 지식이 적은 학생들도 얼마든지 작곡을 할 수 있는 경험을 할 수 있습니다. 즉 작곡 분야에 대한 학생들의 거부감이나 장벽이 낮아져 즐겁게 작곡할 수 있으리라 생각됩니다.

우선 교과서의 작곡 분야에서 가락 바꾸기 수업의 사례를 살펴보겠습니다. 5학년 교과서(미래앤)에 있는 '기차를 타고'라는 노래에서 가락을 일부분을 바꾸어 노래를 부르거나 연주하는 수업입니다.

[그림6] 기차를 타고

　뒤의 두 마디의 노래 가사를 '달려가 보자 힘껏'으로 해서 작곡을 해보았습니다. 학생들은 작곡 구글 두들을 활용하여 간단하게 두 마디의 음악을 작곡하였습니다. 한 마디에 정확히 4박자가 들어갔는지 생각할 필요가 없으며 악보를 터치해서 음을 들으며 두 마디를 작곡할 수 있었습니다. 노래의 뒷 부분을 작곡한 사례입니다.

[그림7] 인공지능 작곡 두들로 작곡한 곡

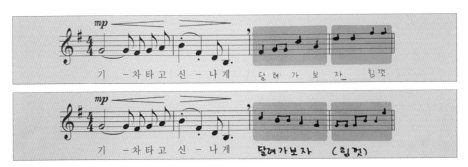

[그림8] 가사 일부 바꾸어 표현하기 완성곡

2. 내 노래 작곡하기 사례

6학년의 경우 '작곡가'란 직업을 탐구해보고 직접 작곡을 해보는 수업에서 할 수 있는 작곡 활동을 살펴보겠습니다. 이 경우 작곡 구글 두들은 두 마디만 작곡 가능하므로 두 사람이 협동하여 네 마디의 음악을 완성해보는 수업을 해보았습니다. 우선 두 학생은 함께 만들 음악의 주제를 선택하고 네 마디에 들어갈 가사를 함께 만들어 봅니다. 둘이서 각각 앞뒤 두 마디에 들어갈 가락을 만든 후에 가락을 이어서 들어봅니다. 이은 가락이 서로 마음에 들 때까지 가사와 가락을 수정해가며 음악을 완성합니다. 이 수업에서는 두 명의 학생들이 각각 두 마디씩을 작곡하여 한 곡을 완성하게 되므로 작곡에 대한 학생들의 심리적 부담감을 줄일 수 있을 뿐만 아니라 작사와 작곡을 함께 하므로 더 재미있게 작곡에 몰입할 수 있습니다.

'내 노래 작곡하기'란 수업 사례입니다. 먼저 주제를 선정하고 네 마디에 들어갈 가사를 만들도록 합니다. 이 때 '비행기'나 '학교종'처럼 잘 알려진 노래 가사를 제시해주면 좀 더 쉽게 가사를 만들 수 있습니다.

주 제	사랑, 가족, 친구, 음식, 나, 공부 등에서 선택		주 제	공부
가 사 (한 줄 써보기)	< 노래 제목: 공부 싫어 >			
	어디선가 들려오는	공부 공부해	싫어요 싫어	공부 싫어요

[그림9] '내 노래 작곡하기'에서 작사하기 예시

가사가 완성되면 두 사람은 작곡 두들을 활용하여 각각 두 마디를 작곡한 후 이어서 들어봅니다. 마음에 드는 곡이 나올 때까지 수정해가면서 완성하여 가사와 가락을 기록합니다.

[그림10] 작곡 두들로 내 노래 작곡하기 예시

[그림11] 내 노래 작곡하기 완성곡 사례

　　위와 같이 작곡 수업에 인공지능 작곡 두들을 활용해보니 우선 태블릿이나 모바일로 쉽게 작곡할 수 있어 접근이 용이하다는 장점이 있습니다. 군이 악기를 사용하거나 노래를 부르며 작곡하지 않더라도 내가 작곡한 음악을 들을 수 있어 손쉽게 작곡이 가능해집니다. 또한 화면을 터치만 하면 4/4박자로 두 마디가 채워지고 내가 만든 음악을 곧바로 들을 수 있어 학생들의 작곡에 대한 부담이 줄어들 뿐만 아니라 음악적 지식이 없어도 작곡할 수 있기 때문에 그것만으로도 작곡 두들의 충분한 의미가 있습니다. 작곡된 간단한 멜로디를 화음 넣기를 통해 사성부의 음악으로 완성한다면 더 풍부한 바흐 스타일의 음악을 즐길 수 있으리라 기대됩니다.

참고

1. Behind the Doodle: Celebrating Johann Sebastian Bach

https://www.youtube.com/watch?time_continue=41&v=XBfYPp6KF2g&feature=emb_logo

2. https://www.soyo.or.kr/digital-world/2019/04/02/%EB%B0%94%ED%9D%90%EC%99%80

-%EC%9D%B8%EA%B3%B5%EC%A7%80%EB%8A%A5/

3.https://decenter.kr/NewsView/1VGOBZ4GNG/GZ02

구글의 마젠타 프로젝트

구글은 예술 창작 학습하는 인공지능 알고리즘을 개발하고 있으며 이 프로젝트는 "마젠타 프로젝트"라 합니다. 위의 사례로 보여준 바흐의 음악을 작곡하는 머신러닝 알고리즘 코코넷 뿐만 아니라 인공지능 신디사이저 엔신스(NSynth), 사람의 스케치를 재해석해 그림을 만들어내는 오토드로(Autodraw)를 개발했습니다.

인공지능 신디사이저 엔신스(NSynth)의 뜻은 Neural(신경망) + Synthesizer(신디사이저) 의 합성어로 신경망 학습을 기반으로 만들어진 오디오 합성 기술입니다. 총 1000개의 악기, 30만개의 음을 저장한 데이터를 학습하였고, 이 소리들을 합성해 새로운 음악을 만들어 내는 것입니다. 학습 과정에서는 기존 데이터 베이스의 소리가 입력되면, 신경망이 복원하는 방식으로 학습을 진행했습니다. 신경망은 음악을 복원하면서 기존 음악의 패턴을 학습하게 되고 기존 패턴 내에서 변형이 발생합니다. 이를 통해 기존의 스타일을 유지한 채 새로운 음악을 만들어 낼 수 있습니다.

오토 드로(auto draw)는 인공지능을 미술 스케치에 접목시킨 서비스입니다. 이는 사용자가 특정 물체 그림을 그리면, 그 물체를 인식해 보다 더 정교한 스케치를 제공해줍니다. 우선 1000개의 물체에 대해 손으로 그려진 스케치 도안들을 학습시켰고, 그 스케치를 다시 재생성하는 과정을 통해서 학습을 진행했습니다. 구글이 제공하는 오토드로 서비스는 www.autudraw.com 웹페이지에서 쉽게 이용해 볼 수 있습니다. 오토드로에 대한 자세한 설명은 ##챕터에 소개되어 있습니다.

출처 논문 : https://arxiv.org/abs/1704.03477

PART 05

구글 어시스턴트 (Google Assistant)와 영어를 공부해요

　학교 교육에서 제4차 산업혁명 시대에 적합한 제2의 원어민 교사가 등장하게 된다면 누가 될 수 있을까요? 바로 AI입니다. 최근 교육 현장에서는 스마트폰, 태블릿, 스마트 TV 사용이 활성화되고 있어 AI 활용 가능 범위도 더 넓어지고 있기 때문입니다. 실제로 이 AI를 영어교육에 접목시켜 학생들의 영어 능력을 신장시키고 있습니다. 한 예로 학생들이 AI 스피커나 스마트폰 등에 영어로 말을 걸면 AI가 학생 수준에 맞춰 대화하는 수업이 진행되고 있습니다.

　AI 활용 영어교육의 장점은 1:1 수준별 맞춤 교육이 가능하며, 자신이 원하는 콘텐츠로 실생활 중심의 영어 말하기 교육이 가능하다는 점입니다. 기존의 영어 교과서 중심 교육이나, 현실적으로 어려운 수준별 교육의 한계점을 극복할 수 있을 것입니다.

　교육 현장에서 AI 활용 영어교육은 어떻게 할 수 있을까요? 여기 대표적인 음성 인식 기반 인공지능 비서 '구글 어시스턴트(Google Assistant)'를 통해 다양한 AI 활용 영어교육 방법을 소개하고자 합니다. 구글 어시스턴트는 특히 영어초급자인 학생들에게 흥미를 주면서 현실 언어를 익히는 수업으로 활용될 수 있습니다. 이제부터 구글 어시스턴트의 활용 방법과 수업의 예들을 다음과 같이 살펴보도록 하겠습니다.

이럴 때 사용해 보세요	실시간 통역하기, 동시 번역하기, 발음 교정하기 대본 번역해서 영어연극하기, 1:1 의사소통하기

CHAPTER **01**

구글 어시스턴트
(Google Assistant) 살펴보기

1. 구글 어시스턴트 홈페이지

[그림1] 'Google Assistant' 홈페이지

[그림2]
https://assistant.
google.com/

　　구글 어시스턴트(Google Assistant)는 다양한 음성 인식 비서들 중의 하나입니다. 구글이 개발하고 2016년 자체 개발자 콘퍼런스에서 발표하면서 상용화된 음성 인식 기반 인공지능 비서입니다.

　　구글 어시스턴트 장점은 스마트폰 또는 태블릿, 집, TV, 자동차에서 활용이 가능하다는 것과 영어로 양방향 대화가 가능하다는 것입니다. 또한 구글 홈(AI 스피커)과 함께 사용할 수 있지만 굳이 없어도 무료 애플리케이션을 다운받으면 어디서든 사용할 수 있습니다.

2. 구글 어시스턴트 설치하기

[그림3] 애플리케이션 설치하기

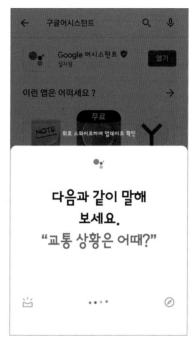

[그림4] 설치 후 첫 화면

구글 계정으로 로그인을 해야 구글 어시스턴트 사용이 가능합니다.

설치한 앱을 열면 위와 같은 사진이 나옵니다. 물결 모양은 음성수신 대기상태를 의미합니다. 스마트폰 화면에 나오는 " "안의 말을 그대로 말하면 됩니다.

3. "Ok Google"로 구글 어시스턴트 호출하기

[그림5] 더 많은 기능 사용하기

[그림6] 음성 등록하기

애플리케이션을 설치하는 과정에서 위 그림과 같은 "더 많은 어시스턴트 기능을 이용해 보세요"라는 질문이 나옵니다. '시작하기'를 눌러 더 많은 기능들을 사용할 수 있도록 순서대로 진행하면 됩니다. Voice Match 사용 동의 화면이 나온다면 동의를 눌러 구글 어시스턴트가 내 음성을 인식하도록 합니다.

이제 모든 작업이 끝났나요?

화면이 꺼져 있는 상태에서 "오케이 구글(Ok Google)" 또는 "헤이 구글(Hey Google)"이라고 말해 보세요. 화면이 꺼져 있어도 어시스턴트를 호출할 수 있습니다.

그림과 같이 마이크 버튼을 누르지 않은 상태에서도 "Ok Google" 또는 "Hey Google"를 부르면 마이크 모양이 물결 모양으로 바뀌고 음성수신 대기상태가 됩니다. 일부 기기는 "Ok Google"만 인식될 수도 있습니다.

[그림7] 음성수신 대기상태 만들기

한 가지 더! 안드로이드폰에서는 홈버튼을 길게 눌러 구글 어시스턴트를 호출할 수 있습니다.

[그림8] 홈버튼 길게 누르기

호출이 끝났다면 구글 어시스턴트로 할 수 있는 다양한 기능들도 살펴보세요. 마이크 옆의 나침반(⊘) 모양을 터치하면 다양한 기능들을 둘러볼 수 있습니다.

[그림9] 구글 어시스턴트의 다양한 기능#1   [그림10] 구글 어시스턴트의 다양한 기능#2

CHAPTER **02**

구글 어시스턴트 (Google Assistant)로 영어 능력 키우기

1. 실시간 '통역모드' 활용하여 영어 회화 연습하기

[그림11] 명령어 말하기

[그림12] 영어 선택하기

[그림13] 영어로 통역하기

통역모드 시작해줘

(또는 영어로 통역해줘, 통역모드)

구글 어시스턴트는 실시간으로 말하는 사람의 언어를 인식하여 원하는 언어(영어)로 자동 통역해 줍니다. 영어로 통역된 문장 아래에는 상대방이 할 수 있는 예상 답변들도 제공하고 있습니다. 따라서 학생들은 한 문장에 대한 통역만 이해하는 것이 아니라 상대방의 대답까지 예상해보는 영어의 의사소통 능력을 향상시킬 수 있습니다. 통역이 끝난 뒤에는 '자동'으로 다음 말을 입력할 수 있는 상태가 됩니다. 그리고 마이크 버튼을 매번 눌러 목소리를 입력하는 '수동', 텍스트를 직접 입력하는 '키보드' 방식도 지원하고 있습니다.

그런데 여기서 주의해야 점은 "번역해줘"가 아니라 "통역해줘"라고 말해야 하는 것입니다. "영어로 번역해줘"라고 말하면 "해줘"를 번역하여 "Do it"이라고 답변해 주고 "영어로 통역해 줘"라고 말해야 통역모드가 실행되기 때문입니다.

2. '구글 렌즈(Google Lens)'[1]로 번역하기

(1) 동시를 번역해서 영어 표현 배우기

동시는 길이가 짧아 단어나 문장이 쉽게 외워집니다. 리듬감이 있어 재미있고 문장력과 어휘력이 향상되는 장점도 있습니다.

여러 동시 중 영어초급자인 학생들에게 적합한 오순배씨의 '소나기'와 낸시 화이트 칼스트롬의 동시 'Sunflower' 선택하여 구글 렌즈로 번역하는 과정을 소개해 드리겠습니다.

먼저 3학년 1학기 국어(가) 교과서에 실린 동시 '소나기'(p36)를 번역하는 과정입니다. 구글 어시스턴트 하단에서 구글 렌즈 아이콘을 선택하고 카메라를 교과서에 갖다 댑니다. 아래와 같이 실시간 번역할 수 있고 구글 번역으로 연결하여 번역할 수도 있습니다.

---

1) 구글 렌즈는 독립된 앱으로 사용할 수 있고 구글 어시스턴트에 있는 구글 렌즈 아이콘을 선택하여 사용할 수도 있습니다.

[그림14] 구글 렌즈 선택하기

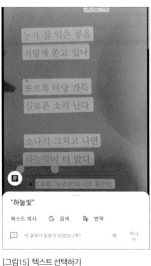

[그림15] 텍스트 선택하기

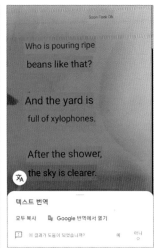

[그림16] 텍스트 번역하기

다음은 3학년 학생이 낸시 화이트 칼스트롬의 동시 'Sunflower'를 한국어로 번역한 예입니다.

[그림17] 한국어로 번역하기

◆ '구글 어시스턴트'을 이용하여 영시를 영어로 듣고 시를 자연스럽게 한국어로 바꿔 보았습니다. '구글 어시스턴트'를 통해 영어 공부를 한 소감을 말해 봅시다.

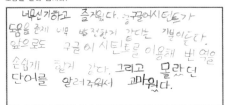

[그림18] 번역을 해 본 소감

학생들은 'Sunflower'라는 영시에서 아는 단어에 동그라미를 쳐 자신이 무엇을 알고 있는지 체크해 본 다음, 한국어로 번역된 시를 보면서 모르는 단어의 뜻을 추측해 봅니다. 단어의 뜻도 실시간 검색도 할 수 있습니다. 검색 후에는 구글 렌즈에 번역된 내용보다 더 자연스럽게 동시로 번역해 보도록 합니다. 실제 번역이 끝난 후, 한 학생은 "너무 신기하고 즐거웠다. 그 중 구글 어시스턴트가 도움을 준게 너무 발전한 거 같다는 기분이 든다. 앞으로도 구글 어시스턴트를 이용해 번역을 손쉽게 할 거 같다. 그리고 몰랐던 단어를 알려주어서 고마웠다." 라고 소감을 말하기도 하였습니다. 실제 번역이 익숙해지면 학생이 본인이 쓴 동시를 영어로 번역하는 것도 학생들에게 흥미 있는 활동이 될 것입니다.

단, 초등 영작 수업에서 주의해야 할 점은 정확성도 중요하지만 쓰는 과정에서 재미를 느끼도록 지도하는 것입니다. 영어초급자인 학생들이 영작에 대한 흥미를 잃지 않아야 하기 때문입니다.

(2) 한국어로 되어 있는 대본을 영어로 바꾸어 역할극하기

창의적인 읽기 및 쓰기 활동은 단순 영어 게임, 노래 또는 챈트활동만으로 만족하지 못하는 초등학교 고학년에게 필요한 의미 있는 영어 활동입니다.

창의적인 읽기 및 쓰기 활동으로는 영어 동화 읽기, 영시 읽고 쓰기, 영어 일기 쓰기, 영어 대본 쓰기, Reader's Theater 등이 있습니다. 그 중 학생들이 좋아하는 동화의 대본을 구글 어시스턴트와 함께 번역하고 연극을 시연해보는 과정을 소개해 보겠습니다.

영어초급자인 학생들은 아직 어려운 단어와 긴 문장을 표현하지 못하기 때문에 고학년이라 할지라도 짧은 대사가 있는 대본을 선택하는 것이 좋습니다. 다음은 2학년 2학기 국어(나) 교과서에 실린 연극대본 '피노키오'(p285)를 번역하는 과정입니다.

[그림19] 텍스트 선택

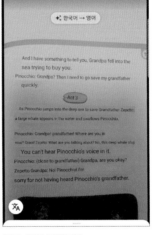

[그림20] 텍스트 바로 번역

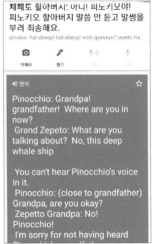

[그림21] 구글 번역으로 연결

먼저 구글 어시스턴트 하단에서 구글 렌즈 아이콘을 선택하고 카메라를 교과서에 가져다 댑니다. '동시의 번역과정'처럼 아래와 같이 실시간 번역할 수 있고 구글 번역기로 연결하여 번역할 수도 있습니다.

단, 여기서 중요한 과정이 있습니다. 구글 렌즈나 구글 번역을 통해 번역한 대로 그대로 옮겨 적는 것이 아니라 자신들에게 어울리는 표현을 넣거나 수정하도록 지도해야 합니다. 학생들이 AI에 전적으로 의존하게 된다면 영어 학습 태도가 발전하지 않을 것이기 때문입니다.

학생들에게 필요한 것 중 하나가 학생들 스스로 필요한 정보를 찾는 방법을 아는 것이고 찾은 정보가 맞는지 아닌지 판단하는 비판적 사고입니다. '대본 고쳐쓰기'의 과정을 통해 학생들은 AI를 통해 번역된 영어 정보를 창의적으로 활용하는 영어 학습 태도가 길러질 것입니다.

이제 번역이 끝났다면 학생들은 자신이 영어로 번역한 대본으로 영어연극 하도록 하여 보세요. 학생들에게 주어진 대본으로 영어연극을 하는 것보다 더 의미 있는 대화 연습의 기회가 될 것입니다.

CHAPTER 03

구글 어시스턴트를
원어민 선생님처럼 활용하기

1. 구글 어시스턴트를 '원어민 선생님'으로 변신시키기

(1) 스마트폰의 기본언어를 영어로 설정하기

구글 어시스턴트에서 학생들이 영어로만 대화하기 훈련을 하기 위해서는 스마트폰 자체와 구글 어시스턴트의 기본언어를 영어로 설정해야 합니다.

① 스마트폰의 배경화면에서 설정 아이콘( )을 선택합니다.
② 설정에 들어가 일반을 선택합니다.
③ 언어를 선택한 후에 영어(English)를 추가합니다.
④ 언어목록에서 '영어'는 그대로 두고 '한국어'를 삭제합니다.

[그림22] 설정에서 일반 선택

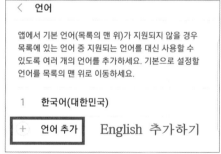

[그림23] English 추가하기

(2) 구글 어시스턴트의 기본언어를 영어로 설정하기

반약 스마트폰과 어시스턴트의 언어 설정을 영어로 하지 않는다면 학생들이 영어로 질문하더라도 구글 어시스턴트는 한국어로 대답하게 됩니다.

이제 어시스턴트(Assistant)의 기본언어도 영어로 바꿀 차례입니다.

① 먼저 프로필 사진을 선택합니다. 사진을 넣지 않은 경우는 사람 모양 아이콘을 선택하면 됩니다.
② 아래 그림과 같이 Settings(설정)을 선택합니다.
③ Assistant(어시스턴트)의 Languages(언어)를 선택합니다.
④ 기본 언어를 English(영어)로 바꿉니다.

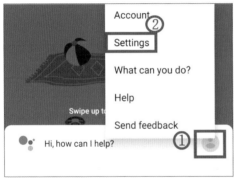

[그림24] Setting(설정) 선택

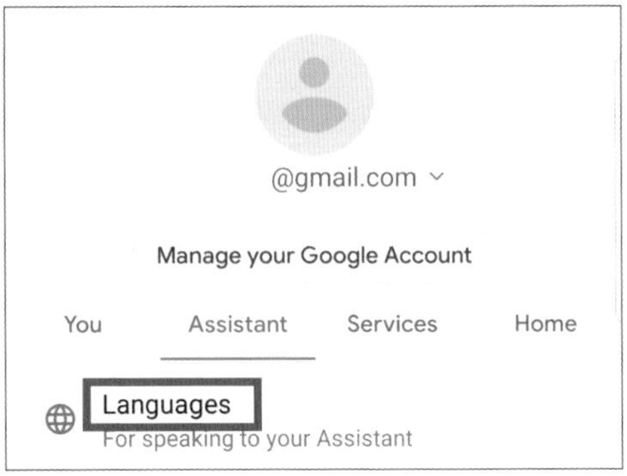

[그림25] Languages(언어) 선택

설정이 끝난 후에 영어로 구글 어시스턴트에게 질문해 보세요. 구글 어시스턴트가 알아듣고 질문에 어울리게 영어로 대답한다면 원어민도 알아들을 수 있다는 의미가 됩니다.

스마트폰이나 태블릿PC에서 구글 어시스턴트와 대화한다면 원어민에 목소리에 가까운 영어를 들으면서 눈으로도 문장을 확인할 수도 있습니다.

2. 구글 어시스턴트 명령어로 영어 공부하기

(1) 'Repeat after me'로 발음 연습하기

[그림26] 반복해서 말하는 구글 어시스턴트

(학생)　　　　　Repeat after me.

(어시스턴트)　　학생이 말한 대로 구글 어시스턴트가 똑같이 따라한다면 구글 어시스턴트
　　　　　　　　가 이해한 것이므로 원어민도 알아들을 수 있음을 의미합니다.

이제 '텅트위스터'(Tongue-Twister)로 영어 발음을 교정하는 활동을 소개해 드리겠습니다.
구글 어시스턴트와 함께 하는 텅트위스터는 어떤 모습일까요?

[그림27] 원어민 선생님과 함께 텅트위스터

[그림28] 구글 어시스턴트와 함께 텅트위스터

기존의 '텅트위스터 활동'은 원어민 교사 또는 영어 교사가 발음을 지도한 후에 연습을 하게 하는 교육 방법입니다. 하지만 구글 어시스턴트와 함께한다면 학생들이 말한 대로 어시스턴트가 따라 말하는 것을 듣고 문장을 보면서 학생들이 스스로 발음을 교정할 수 있게 해 줍니다. 왜냐하면 학생들은 구글 어시스턴트와 1:1로 대화해야 하기 때문입니다. 또한 학생들은 구글 어시스턴트와 영어를 연습하면서 영어를 잘 하지 못하는 것에 대한 부끄러움와 두려움도 어느 정도 극복할 수 있습니다.

(2) 'Random ( ) to ( )' 명령하여 숫자를 영어로 말하기

[그림29] 랜덤 명령어 말하기

[그림30] 랜덤 숫자 뽑기

(학생)　　　　　Random 1 to 100.

　　　　　　　(또는 Pick a random number between 1 and 100)

(어시스턴트)　35

학생은 랜덤으로 나온 '숫자'를 음성으로 듣고 따라 말하면서 숫자를 영어로 어떻게 말하는지를 공부하게 됩니다. 교사들도 수업도구로써 '번호 뽑기' 활동을 활용할 수 있습니다.

(3) How do you spell __?

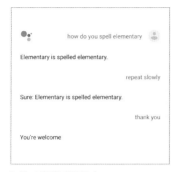

[그림31] 영어 철자 질문하기

실제 구글 어시스턴트는 철자 하나하나를 말해 줍니다.

"Elementary is spelled e-l-m-e-n-t-a-r-y"

그럼에도 불구하고 학생들이 구글 어시스턴트의 말을 잘 이해하지 못했다면 "Repeat slowly"라는 명령어를 사용하여 다시 듣기를 할 수 있습니다.

3. 실제 수업에서 구글 어시스턴트와 의사소통하기

(1) 구글 어시스턴트와 인사 나누기

[그림32] 교실에서 학생과 구글 어시스턴트의 대화 상황

[그림33] TV화면에 보이기

(학생)	How are you, Google?
(어시스턴트)	I'm great, thanks for asking.

● **대상** : 전학년

● **단계** : 영어 수업의 도입 단계

● **활동내용** : 구글 어시스턴트와 영어로 인사 나누기 (Greeting)

● **활용방법**

① 학생이 구글 어시스턴트와 영어로 나눈 대화 스크립트를 TV로 미러링(스마트폰의 화면을 TV에 나오게 하는 것)을 합니다.

② 스마트폰 또는 태블릿PC에 무선마이크를 블루투스로 연결하여 모든 학생들이 대화 내용을 보고 들을 수 있게 합니다.

③ 구글 어시스턴트는 학생의 영어 표현과 발음에 이상이 있다면 대답을 해 주지 못하는 것으로 점검해 줍니다.

④ 교사는 학생의 잘한 점을 칭찬해 주고 어려워할 경우 예시문장들을 조언해 주며 격려해 줍니다.

(2) 구글 어시스턴트와 1:1 대화하기

다음은 구글 어시스턴트와 실제 이루어진 대화의 예들입니다. 같은 질문을 하더라도 구글 어시스턴트는 답변이 다른 것을 볼 수 있습니다. 기존 학교 영어교육의 한계를 극복하여 학생 개인별로 맞춤형 대화 연습이 가능해진 것입니다.

[그림34] 질문이 같아도 대답이 다른 대화 상황

- **대상** : 전학년
- **단계** : 영어 수업의 전개 단계
- **활동내용** : 인사 나누기 (Greeting), 각 단원에서 배운 표현들 사용하여 대화하기
- **활용방법** : 학생들은 영어 표현을 익힌 후 배운 표현을 사용하여 대화 연습을 합니다. 이때 학생들은 개별적으로 태블릿 PC나 스마트폰을 이용하여 현실 영어로 대화를 합니다.

인공지능 비서, 인공지능 번역기에 활용되는 기술들

[그림35] LG인공지능스피커 (출처:http://bitly.kr/REJuzyNm)

구글 어시스턴트를 통해 AI와 영어로 대화를 나눌 수도 있고, 한글로 쓰여진 문장을 영어로 번역할 수 있습니다. 이 과정에서 활용되는 인공지능의 핵심 기술은 바로 음성 인식(Speech Recognition), 텍스트 인식 (Optical Character Recognition) 그리고 신경망 기계번역 (Neural Machine Translation)입니다. 이 기술들은 구글 어시스턴트를 포함해 삼성 빅스비, 애플의 시리, 아마존의 알렉사와 같은 인공지능 음성 비서 플랫폼에 활용되고 있습니다.

음성 인식은 사람의 목소리가 가진 음성 신호에서 특징을 추출하고 이를 디지털 신호로 바꾸는 작업을 거칩니다. 즉 우리가 특정 문장을 말했을 때, 그 단어 소리의 파동을 숫자로 바꾼 뒤 인공지능에 학습을 시킵니다. 음성과 그 음성에 해당하는 텍스트 라벨(label) 이 있는 대량의 데이터가 확보된다면 심층 학습(딥러닝)을 활용하여 음성을 텍스트로 변환시키는 모델을 만들 수 있습니다. 현재 딥러닝 기반 음성인식 모델의 성능은 94%로 높은 성능을 보여주고 있습니다. 이처럼 제가 하는 말을 즉각적으로 텍스트로 변환시키고 이를 또 영어로 번역하는 기술이 가능하게 된 것입니다.

사람의 음성뿐만 아니라 보이는 글자를 바로 번역하는 것도 인공지능 기술로 가능합니다. 삼성 빅스비에서는 비전이라는 서비스를 출시했는데, 이는 카메라에 비친 글씨를 인식하고 이 텍스트를 원하는 언어로 번역해 줍니다. 이때는 이미지에서 문자를 추출해내는 기술 OCR(optical character recognition)이 활용됩니다. 대량의 이미지 내에서 텍스트 글자들이 갖는 밝기, 경계, 굴곡 등을 파악하여 특징을 잡아내고, 이를 특징을 기반으로 이미지에 적힌 글자를 텍스로 변환해내는 것입니다.

마지막으로 음성이나 사진에서 얻은 한글 텍스트를 영어로 변환하는데 필요한 기술이 바로 신경망 기계번역 (Neural Machine Translation)입니다. 실제 네이버 파파고 번역기와 구글 번역기도 신경망 기계 번역 기술로 다양한 언어를 번역합니다. 신경망 기계 번역은 딥러닝 모델을 기반으로 기계 번역을 진행하는 것입니다. 가령 한국-영어 번역기를 만든다고 하면, 한글 문장과 이에 해당하는 영어 문장이 짝을 이룬 데이터가 필요합니다. 그리고 이 대량의 데이터를 반복적으로 학습시켜 번역 모델을 생성하게 됩니다.

우리가 일상 속에서 자주 활용하는 번역기, 인공지능비서 플랫폼은 다양한 인공지능 기술들이 결합해 만들어진 서비스입니다. 이 서비스들의 가장 큰 장점은 우리가 사용할수록 이들의 성능이 강화된다는 점입니다. 사용자가 다양한 문장을 입력함으로써 인공지능은 더 많은 데이터를 확보하게 되고 이는 서비스의 성능을 개선 시키는데 큰 역할을 하게 됩니다.

memo

PART 06

코딩 없이 머신러닝 (Teachable Machine)

인공지능의 발달로 기계를 학습시킨다는 의미의 머신러닝(machine learning)이라는 용어가 이제 우리에게 익숙해졌습니다. 머신러닝은 컴퓨터가 학습할 수 있도록 하는 알고리즘과 기술을 개발하는 기술입니다.[1]

인공지능 기술이 놀랍게 발전할 수 있었던 데에는 머신러닝이 절대적인 기여를 하였습니다. 머신러닝은 사람이 일일이 컴퓨터에 규칙을 부여해서 결과를 찾던 룰베이스 방식과 달리, 제공한 데이터와 결과 값에서 패턴과 규칙을 찾을 수 있습니다. 머신러닝은 수학적 지식과 프로그래밍 소양이 필요하기 때문에 일반인들이 쉽게 접근하기 어려운 영역이었습니다. 하지만 구글이 머신러닝 모델의 학습 과정을 쉽게 이해하고, 직접 모델을 생성해 활용할 수 있는 티처블 머신(Teachable Machine)을 공개하였습니다. 티처블 머신은 이미 사전에 학습된 모델(pre-trained model)을 활용하는 전이 학습(transfer learning) 기법으로 학습을 진행합니다. 티처블 머신으로 머신러닝을 쉽게 만들어보면서 인공지능의 학습 원리를 더 잘 이해할 수 있을 것입니다.

1) https://ko.wikipedia.org/wiki/기계_학습

교과 연관 단원	1학년 수학 3. 여러 가지 모양 4학년 과학 1. 식물의 생활 4학년 과학 2. 지층과 화산 4학년 과학 4. 화산과 지진

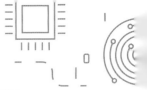

CHAPTER 01

티처블 머신 시작하기

1. 티처블 머신 탐색하기

(1) 티처블 머신 홈페이지 탐색

[그림1] 티처블 머신 소개영상

[그림2] 티처블 머신
소개영상 QR코드

    티처블 머신의 기능을 알아보기 위해 구글에서 공개한 티처블 머신에 대한 소개 영상[2]을 보면 이미지, 오디오, 자세 세 가지 프로젝트를 통해, 머신러닝을 학습하고 학습 모델을 생성한 후 저장하고 활용할 수 있는 사례를 볼 수 있습니다.

---

2) https://www.youtube.com/watch?v=T2qQGqZxkD0&feature=emb_logo

티처블 머신은 이미지뿐만 아니라, 소리와 자세(poses) 인식 그리고 학습 기능 등을 제공합니다. 인공지능이나 머신러닝에 대한 사전 지식과 코딩 능력이 없어도, 누구나 티처블 머신을 활용할 수 있습니다. 티처블 머신은 웹 기반으로 동작하기 때문에, 별도의 프로그램을 설치할 필요 없이 크롬 브라우저에서 티처블 머신 홈페이지에 접속해서 바로 사용할 수 있습니다. 티처블 머신은 데스크탑에서만 가능하고 스마트폰이나 테블릿은 지원하지 않습니다.

[그림3] 티처블 머신(Teachable Machine) 홈페이지

티처블 머신 홈페이지[3]에 접속한 후 시작 버튼(Get Started)을 선택하면 티처블 머신에서 학습할 수 있는 기능선택 페이지로 이동하게 됩니다. 이미지, 오디오(sound), 포즈(pose) 세 가지 프로젝트 중에서 원하는 프로젝트 메뉴를 선택합니다.

[그림4] 티처블 머신 프로젝트 종류

3) https://teachablemachine.withgoogle.com/

먼저 이미지 티처블 머신 프로젝트를 살펴보겠습니다. 이미지 프로젝트는 웹캠으로 촬영한 이미지를 인식하고 학습하며, 사람들이 머신러닝 모델을 학습시키는 과정을 경험하도록 합니다.

[그림5] 이미지 프로젝트 화면

이미지 프로젝트는 이미지 샘플 수집, 학습(Training), 미리보기(Preview) 과정으로 구성되어 있습니다. 먼저 클래스(Class) 항목에서 학습시킬 이미지 샘플을 추가합니다. 이미지 샘플은 PC나 노트북에 연결된 웹캠으로 촬영하거나 컴퓨터에 저장되어 있는 사진을 업로드할 수 있습니다. 이미지 파일은 직접 폴더를 열어 선택하거나, 드래그 앤 드롭으로 가져올 수도 있고, 구글 드라이브에 저장된 사진을 추가할 수도 있습니다.

컴퓨터에 설치되어있는 웹캠을 이용하여 처음 실행할 때에는 카메라 사용할 수 있도록 권한을 허용해달라는 메시지가 뜨는데 이때 카메라를 허용해야 웹캠을 사용할 수 있습니다.

[그림6] 웹캠(Webcam) 권한 요청

이미지 학습을 위한 예로 사과와 귤을 학습시켜서 컴퓨터가 사과와 귤을 구별하는 모델을 만들어보겠습니다. 이미지를 학습시키기 위해서 웹캠에 사과를 비춥니다. 사과를 비춘 후 'Hold to Record'버튼을 눌러줍니다. 다양한 모습의 사과 이미지를 추가합니다.

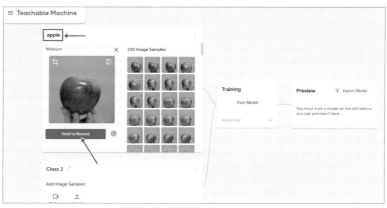

[그림7] 사과 이미지 샘플 추가 및 Class 이름변경

다양한 모습의 이미지 샘플을 추가한 후 Class 1의 이름을 변경합니다. 사과 이미지 샘플을 추가하였기 때문에 'apple'로 변경하였습니다. Class의 이름은 영어뿐만 아니라 한국어도 가능합니다.

이번에는 귤 이미지 샘플을 추가하고 Class 2의 이름을 'tangerine'으로 변경해 봅니다.

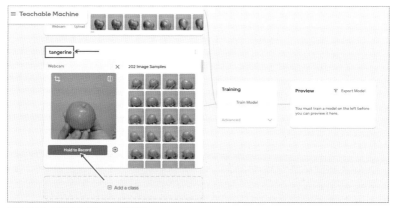

[그림8] 귤 이미지 샘플 추가 및 Class 이름변경

학습시킬 이미지 샘플 추가가 모두 마쳐지면 2단계로 학습(Training)을 시켜줍니다. 학습 (Training)은 최소한 2개 이상의 클래스에 이미지를 업로드해야 가능합니다. 학습 버튼을 누르면 수집 또는 전송한 이미지를 학습하게 됩니다. 학습을 시키는 과정에서는 크롬의 탭을 다른 탭으로 변경시키면 안 된다는 메시지가 뜹니다. 이미지들이 학습되는 동안에 잠시 기다려야 됩니다. 학습이 완료되면 'Model Trained'라는 메시지가 뜨고 미리 보기(Preview) 창이 활성화가 됩니다.

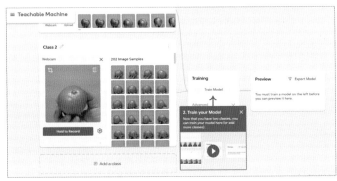

[그림9] 학습(Training) 과정

학습이 완료된 모델은 미리 보기(Preview) 기능을 이용해서 바로 다른 이미지와 비교할 수 있고 모델 내보내기(Export Model) 메뉴를 이용해서 텐서플로(Tensorflow.js/Tensorflow/Tensorflow Lite)로 내보내거나 다운로드 받을 수 있습니다.

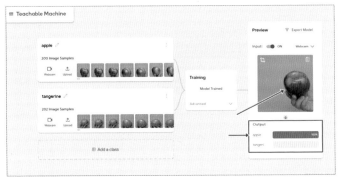

[그림10] 사물 구별 테스트

웹캠에 사과를 가져다 두면 Output에서 사과 항목이 100%까지 올라가고 귤을 가져다 두면 귤 항목이 100%까지 올라가는 것을 확인할 수 있습니다. 티처블 머신이 웹캠으로 촬영한 이미지나 파일로 업로드한 사진을 분석한 후, 웹캠에서 비추는 사물과 앞에서 학습한 모델 중 가장 유사한 클래스로 판단하여 분류해줍니다.

티처블 머신은 2가지 사물 구별뿐 아니라 학습하기를 원하는 사물을 더 추가해서 사용할 수 있습니다. 새로운 클래스는 '클래스 추가(Add a class)' 버튼을 마우스로 클릭하면 추가할 수 있습니다.

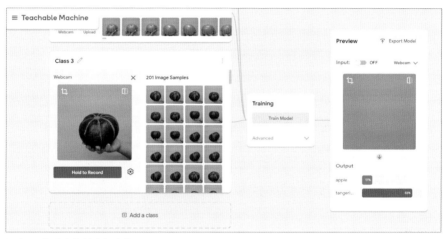

[그림11] 클래스 추가 및 이미지 샘플 추가

사과와 귤에 단호박을 추가하여 학습해보도록 합니다. 클래스를 추가하여 동일한 방법으로 이미지 샘플을 추가합니다. 단호박 이미지 샘플을 추가하여 학습(Training) 단계를 거치면 미리보기(Preview)로 3가지 사물을 구별하는 모델을 만들 수 있습니다. 웹캠으로 직접 비추어 사물을 구별할 수도 있고 컴퓨터에 저장되어 있는 이미지를 구별할 수도 있습니다.

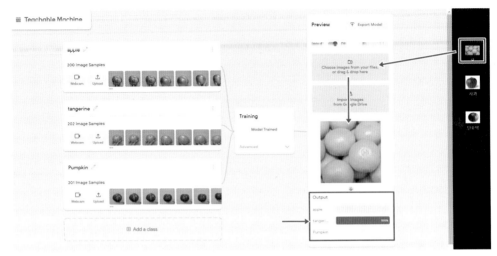

[그림12] 이미지 사진 구별하기

이렇게 만든 모델을 미리 보기(Preview)로 보는 것뿐만 아니라 내보내기(Export) 기능을 통해서 웹이나 스마트폰에서 사용할 수 있습니다. 머신러닝 모델을 구동할 때는 오픈소스 라이브러리인 텐서플로(Tensorflow.js)를 이용하며, 파일 내보내기 기능을 활용해 웹 사이트나 스마트폰에서 사용할 수 있습니다.

[그림13] 모델 내보내기(Export)

내보내기 모델(Export Model)을 선택한 후 Upload를 선택한 상태에서 Update my cloud model를 실행시킵니다. update가 모두 끝나면 link가 형성되는데 link 주소를 Copy 하여 클립보드에 저장합니다. link 주소를 크롬브라우저에 복사하여 학습시킨 모델을 웹에서 실행시킬 수 있습니다. 웹캠에 사물을 놓으면 이미지를 구별하여줍니다. 이렇게 만든 학습 모델을 구글 드라이브에 저장해 두고 활용하는 것도 가능합니다.

[그림14] 웹에서 머신러닝 실행

[그림15] 스마트폰에서 머신러닝 실행

웹에서뿐만 아니라 스마트폰에서도 학습한 모델을 실행시킬 수 있습니다. link 주소[4]를 크롬 브라우저에 복사하여 실행시켜봅니다. 스마트폰에서 사용할 수 있기 때문에 이동하면서 편리하게 티처블 머신을 실행시킬 수 있습니다.

자세(Pose) 프로젝트도 이미지 프로젝트와 동일한 방법으로 활용합니다. 오디오 프로젝트의 경우는 먼저 배경 잡음(Background Noise) 샘플을 등록하고 샘플로 사용한 오디오를 마이크를 통해 직접 녹음하거나 녹음 파일을 업로드합니다. 자세와 오디오 프로젝트 역시 샘플 데이터를 업로드한 후에는 학습(Training) 과정을 거치고, 학습 모델이 완성되면 이를 프리뷰(Preview) 모드로 활용하거나 파일로 내보낼 수 있습니다.

---

4) https://teachablemachine.withgoogle.com/models/ImmmxeGC/

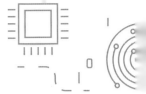

CHAPTER **02**

수업 활용에 활용하는 티처블 머신

1. 모양 구분하기

1학년 수학 2학기 3단원 여러 가지 모양 단원에서 여러 가지 모양 알아보는 활동이 있습니다. □, △, ○ 모양이 있는 물건 알아보고 모양 알아맞히는 활동이 있는데 먼저 □, △, ○ 모양의 다양한 물건을 가지고 티처블 머신으로 이미지 프로젝트[5]를 제작합니다. 그리고 나서 학생들이 다양한 물건을 비추면 그 물건이 어떤 모양인지 알려줄 수 있습니다. 학생들이 교실에 있는 □모양 물체(책, 나무막대, 색종이, 필통 등)들과 △모양 물체(삼각자, 트라이앵글, 삼각형 색종이 등), ○ 모양물체(종이컵, 장구, 미니심벌즈, 소고, 컵 등)들을 가져와서 모양을 분류하는 활동을 할 수 있습니다.

[그림16] 티처블 머신으로 모양분류하기

5) https://teachablemachine.withgoogle.com/models/MoTm_fr0/

2. 암석 분류하기

4학년 1학기 과학 지층과 화석 단원에서는 퇴적암을 관찰하고 분류하는 수업을 진행합니다. 퇴적암을 관찰하고 암석을 이루고 있는 알갱이의 크기와 색깔을 이용하여 이암, 사암, 역암으로 분류합니다.

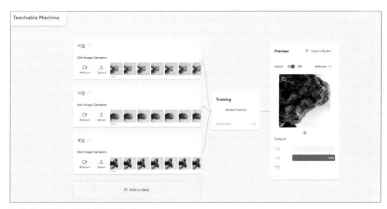

[그림17] 퇴적암 분류 티처블 머신 웹 이용모습

4학년 2학기 과학 화산과 지진 단원에서 화성암의 대표 암석 중에서 현무암과 화강암의 특징을 관찰하고 분류하는 수업을 진행할 때 활용 가능합니다. 암석의 색깔과 알갱이의 크기를 중심으로 분류하고 티처블 머신으로 확인해보는 활동을 할 수 있습니다.

[그림18] 화성암 분류 티처블 머신 스마트폰 이용모습

전이 학습, 사전 학습된 모델을 활용하기

티처블 머신(Teachable machine)[1]은 사용자가 학습에 필요한 사진을 촬영하거나 업로드하고 이를 기반으로 분류 작업을 합니다. 하지만 여기서 사용자가 제공하는 이미지만으로 학습을 진행한다면 높은 성능을 보이기 어렵습니다. 따라서 티처블 머신은 이미 사전에 훈련된 모델에 전이 학습(transfer learning)[2]을 진행합니다.

전이 학습(transfer learning)은 학습 데이터가 부족한 상황일 때 빈번히 활용되는 기술입니다. 이미 대용량의 이미지 데이터로 사물 분류 학습을 진행한 뒤 여기서 생성된 모델을 다른 태스크에 재사용하는 기법이 전이 학습입니다. 따라서 티처블 머신은 이미 많은 이미지 데이터로 학습한 모델을 불러오는 것이기 때문에 높은 분류 성능을 보이는 것입니다.

티처블 머신에서 사용되는 모델은 사전 훈련된 모델인 MobileNet[3] 모델입니다. MobileNet은 개, 고양이, 과일 등 1000 여개의 물체에 대해 인식과 분류 학습을 거친 사전 학습 모델이며, 이미 여러 이미지 분류 생성 관련 태스크에서 높은 성능을 보였습니다. 그리고 MobileNet은 이름에서 알 수 있듯, 모바일 디바이스 사용을 목적으로 설계된 모델입니다. 따라서 다른 딥러닝 모델에 비해 매개변수(학습 파라미터) 수를 낮추어 보다 경량화된 모델을 만들었습니다.

---

1) https://coral.ai/projects/teachable-machine/
2) https://observablehq.com/@nsthorat/how-to-build-a-teachable-machine –with-tensorflow-js
3) https://arxiv.org/pdf/1704.04861.pdf

전이 학습(transfer learning)은 대용량의 이미지 데이터로
사물 분류 학습을 진행한 뒤 여기서 생성된 모델을 다른 태스크에
재사용하는 학습 데이터가 부족한 상황일 때 빈번히 활용되는 기술입니다.
티처블 머신은 이미 많은 이미지 데이터로 학습한 모델을
불러오는 것이기 때문에 높은 분류 성능을 보이는 것입니다.

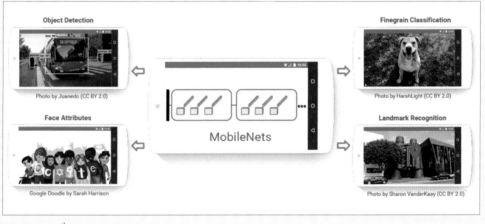

[그림19] Mobile Net[4]

따라서 우리가 티처블 머신으로 사전에 학습된 1000 여개의 물체 이외의 것을 분류하고자 해도, 이미 MobileNet 모델은 이미지 인식 및 분류에 특화되었기 때문에 주어진 물체의 특징을 추출하고 쉽게 분류할 수 있습니다. 이와 같은 전이 학습 방식은 실제 이미지 분류 이외에도 텍스트와 음성 인식 등 다양한 분야의 심층 학습(딥러닝) 연구에서 활용되고 있습니다.

4) https://www.youtube.com/watch?v=7UoOFKcyIvM

memo

우리 아이 AI

실생활에서 학부모와 아이가
인공지능을 활용할 수 있는
활용법을 소개합니다.

PART 07

AutoDraw & QuickDraw와 함께 하는 다양한 활동

　누군가 나를 대신하여 그림을 완성해 준다면? 부족한 나의 그림 실력을 내 마음에 쏙 들게 보완해 주는 프로그램이 있다면 얼마나 좋을까요? 여기 여러분의 의도와 생각을 읽고 그림 그리기를 도와주는 똑똑한 인공지능 프로그램이 이미 개발되어 있습니다. 바로 'AutoDraw'와 'QuickDraw'입니다. 'AutoDraw'는 간단한 그림을 그리면 컴퓨터가 그 그림을 인식하여 'Do you mean' 메시지와 함께 당신이 그리려는 그림을 제시해 줍니다. 그렇게 되면 우리는 원하던 좀 더 정선된 형태의 그림을 골라 활용할 수 있게 됩니다. 이제 그림을 잘 그리지 못한다고 걱정하지 마세요. 어설픈 그림일지라도 꽤 멋진 그림으로 바꿔줍니다. 'QuickDraw'는 사용자가 사물 또는 개념에 대한 그림을 그리면 인공지능을 사용하여 해당 그림이 표현하려는 바를 예측하게 됩니다. 많은 데이터 입력을 통해 믿을 수 있는 결과를 산출하는 스마트한 인공지능 프로그램입니다. 이제부터 여러분은 인공지능과 함께 그림을 더 잘 그리게 될 거예요. Let's Draw! 컴퓨터를 활용한 그리기를 통해 더 즐겁게 공부해 봅시다.

| 이럴 때 사용해 보아요 | AutoDraw
· 생일 초대장 & 생일 축하카드 만들기
· 나를 소개하는 자료 만들기
· 시화 그리기 / 우리 동네 지도 그리기 | QuickDraw
· 우리의 지도 기호 만들기 |

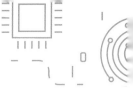

CHAPTER **01**

AutoDraw 살펴보기

1. AutoDraw의 다양한 기능 탐색하기

(1) AutoDraw

　마우스 조작만으로 깔끔한 그림을 그려볼까요? Fast Drawing for Everyone!을 말하고 있는 AutoDraw, 그림판에 그림을 그리듯이 간단한 마우스 조작으로 내가 원하는 모양을 그리다 보면, Do you mean과 함께 다양한 그림이 제시됩니다. 다양한 그림 중, 내가 원하는 그림을 선택하면 끝! 정말 간단하고도 신기한 프로그램입니다. 먼저 www.autodraw.com 홈페이지에 접속해 보세요. 무료로 프로그램을 사용할 수 있습니다.

[그림2]
https://www.au-
todraw.com/

[그림1]AutoDraw 홈페이지

(2) AutoDraw 메뉴 & 작업 화면 살펴보기

[그림3] AutoDraw 메뉴

AutoDraw에 접속하셔서 회원가입을 마치셨나요? 그렇다면 메뉴부터 살펴볼까요? 'How To' 메뉴만 잠깐 집중해서 살펴보면 여러분은 이미 AutoDraw를 쉽게 다룰 수 있다는 자신 감을 얻게 됩니다.

메뉴	기능
Start over	작업 공간 모양을 바꿀 수 있어요.
Download	만든 작품을 저장할 수 있어요.
Share	만든 작품을 공유하거나, 바로 연결하는 링크를 만들 수 있어요
How-To	빠르고 간단하게 AutoDraw 사용법을 익힐 수 있어요.
Shortcuts	AutoDraw 단축키를 소개해줘요.
Artists	AutoDraw에 자동으로 등장하는 그림들의 작가를 소개해요.
About	AutoDraw에 대해 안내해줘요.

[그림4] AutoDraw 작업 화면

AutoDraw의 작업 화면을 살펴볼까요?

메뉴	기능
Select	만든 모양을 크기 및 위치를 조정할 수 있어요.
AutoDraw	내가 그린 그림을 더 멋진 그림으로 바꿀 수 있어요.
Draw	컴퓨터가 바꿔준 그림을 추가로 꾸미거나 내가 원하는 대로 자유롭게 그릴 수 있어요.
Type	글을 써서 넣을 수 있어요.
Fill	내 그림을 다양한 색으로 채울 수 있어요.
Shape	동그라미, 네모, 세모 모양을 그릴 수 있어요.
color	내가 그리고 있는 작품의 색을 결정해요.
Zoom	그리고 있는 그림을 더 자세하게 볼 수 있어요.
Undo	바로 전에 한 작업을 취소해요.
Delete	그림을 지울 수 있어요.

AutoDraw의 다양한 단축키를 익혀 활용한다면 좀 더 빠르고 쉽게 작업을 수행할 수 있습니다.

Keyboard Shortcuts

ACTIONS		TOOLS	
Undo	Ctrl Z	Select	V
Redo	Shift Ctrl Z	AutoDraw	A
Cut	Ctrl X	Draw	D
Copy	Ctrl C	Type	T
Paste	Ctrl V	Rectangle	M
Move	↑ ← ↓ →	Circle	L
Send Back	[	Triangle	P
Bring Front	]	Fill	F
Duplicate	Alt DRAG	Zoom	+

[그림5] AutoDraw 단축키

CHAPTER 02

AutoDraw 활용하기

1. AutoDraw 다양하게 활용하기

(1) 생일 초대장 & 생일 축하카드 만들기

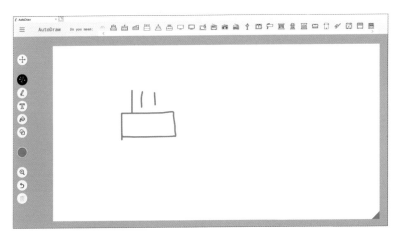

[그림6] AutoDraw 작업 모습 - 케이크

　이제 AutoDraw 작업 화면을 살펴봅시다. AutoDraw 아이콘을 클릭한 후 그림을 그려줍니다. 먹음직스러운 케이크를 그리고 싶지만 맘처럼 쉽지 않네요. 하지만 걱정할 필요는 없습니다. AutoDraw는 Do you mean?이란 메시지와 함께 다양한 케이크 모양을 제시해 줍니다. 다양한 모양 중 맘에 드는 모양에 클릭! 하면 어느새 케이크 한 개 완성!

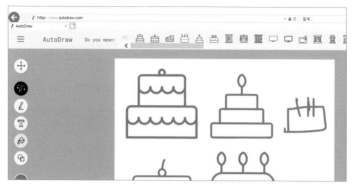

[그림7] AutoDraw 완성 모습 - 케이크

위 그림처럼 다양한 모양의 케이크로 그림을 바꿀 수 있습니다. 인공지능의 도움을 얻어서 더 예쁜 그림을 완성하게 되었어요. 갑자기 그림에 대한 자신감이 생기지 않나요? 이제 다양한 케이크 그림을 활용해 생일 축하카드 또는 생일파티 초대장을 만들어 봅시다. 인공지능의 도움을 얻는다면 잘 마무리 할 수 있을 거에요.

[그림8] AutoDraw 활동 - 초대장 2

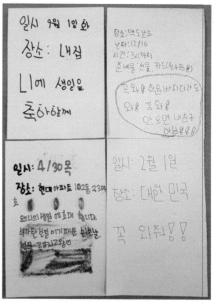

[그림9] AutoDraw 활동 - 초대장 2

AutoDraw 속 케이크를 다양한 색으로 꾸며 생일 축하카드를 만들거나 생일파티 초대장을 만들 수 있습니다. AutoDraw가 제시해 주는 다양한 모양은 우리가 쉽고 빠르게 활용할 수 있습니다. 인공지능의 도움을 받으니 더 빠르고 더 쉽죠?

[그림10] AutoDraw 활동 - 생일축하카드 1   [그림11] AutoDraw 활동 - 생일축하카드 2

이렇게 AutoDraw로 간단한 초대장 또는 축하카드가 완성되었습니다. 이렇게 생일 축하 카드를 만드는 것부터, 간단한 이미지를 디자인하는 것, 이모티콘 등도 디자인 할 수 있습니다. 이제 누구나 생각을 그림으로 쉽게 표현할 수 있습니다. 간단한 AutoDraw 의 기능을 더 익혀 본다면, 쉽고 간편하게 생활 속 다양한 곳에 활용할 수 있을 것입니다.

(2) 나를 소개합니다 & 나는 누구일까요?

이번에는 AutoDraw를 활용해 내 자신을 소개하는 자료를 만들어 볼까요? 나의 특징, 나의 장점, 나의 꿈, 내가 좋아하는 것 어떤 것이든 그림을 곁들여 표현할 수 있습니다. 말로 설명하는 것보다는 그림이 이해하기 더 쉽습니다. 물론 누구나 쉽게 이해할 수 있는 그림이라면 말이죠. 간단한 그림부터 복잡한 그림까지, AutoDraw를 통해 나를 표현해 봅시다.

[그림12] AutoDraw 활동 - 나를 소개합니다 1

[그림13] AutoDraw 활동 - 나를 소개합니다 2

[그림14] AutoDraw 활동 - 나를 소개합니다 3

[그림15] AutoDraw 활동 - 나를 소개합니다 4

반대로 소개 자료를 보고, 내가 누군지 맞춰보는 게임도 해 봅시다.

[그림16] AutoDraw 활동 - 나는 누구일까요 1   [그림17] AutoDraw 활동 - 나는 누구일까요 2   [그림18] AutoDraw 활동 - 나는 누구일까요 3

(3) 시화 그리기

내가 좋아하는 시, 기억하고 싶은 시에 나만의 시화를 그려보는 활동입니다. 교과서에 등장하는 시 중 감동적이거나 내가 좋아하는 시를 선택하여 AutoDraw를 활용해 시화를 그릴 수 있습니다. AutoDraw를 활용한다면 좀 더 간단하고 빠르게 그림을 그릴 수 있습니다.

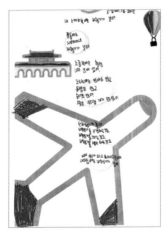 

[그림19] AutoDraw 활동 - 시화 그리기 1   [그림20] AutoDraw 활동 - 시화 그리기 2

(4) 우리 동네 지도 그리기

AutoDraw를 활용하여 우리 동네 지도를 그려봅시다. 기존의 손으로만 그리는 지도가 아닌 AutoDraw를 활용한 지도라면, 중요한 건물 또는 우리에게 도움이 되는 장소를 특별한 그림으로 표시할 수 있습니다. 한눈에 들어오는 나만의 지도를 만들 수 있습니다. 안전한 등굣길을 위한 안전 지도, 우리 동네 맛집 지도 등 다양하게 활용할 수 있습니다.

[그림21] AutoDraw 활동 - 우리 동네 지도 그리기 1

[그림22] AutoDraw 활동 - 우리 동네 지도 그리기 2

CHAPTER **03**

QuickDraw 살펴보기

1. QuickDraw의 다양한 기능 탐색하기

(1) QuickDraw 이해하기

[그림23] QuickDraw 첫 화면

[그림24]
https://quick-
draw.withgoogle.
com/#

 머신 러닝 기술이 학습을 통해 낙서를 인식할 수 있을까요? QuickDraw에 접속하면 처음 볼 수 있는 문장입니다. 먼저 '머신 러닝 기술'이 무엇인지 알아봅시다. Machine Learning? 컴퓨터가 스스로 배울 수 있을까? 컴퓨터는 인간과 다르게 스스로의 의지로 배우는 것이 아니며 인간에 의해 배울수 있도록 만들어진 것입니다. 따라서 스스로 학습하는 인간과는 다른 컴퓨터를 학습시켜야만 합니다. 이러한 컴퓨터가 학습하는 과정을 이용한 것이 바로 구글의 퀵드로우입니다.

(2) QuickDraw 게임방법

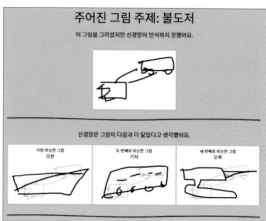

[그림25] QuickDraw 게임 장면   [그림26] QuickDraw 실패 원인

첫 화면의 시작하기 버튼을 클릭하면 우리는 준비할 시간도 없이 그림과 같은 화면을 마주하게 됩니다. 주어진 제시어를 20초 이내 그려야 합니다. 20초 안에 제시어와 그림이 일치하게 되면 다음 문제로 넘어가게 되며, 끝까지 인식하지 못한 경우에도 다음 문제로 넘어가게 됩니다.

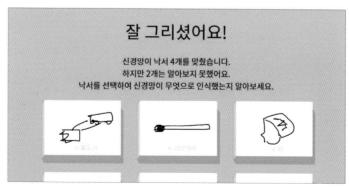

[그림27] QuickDraw 게임 결과

총 6문제를 해결하고 나면 결과를 알 수 있는데 실패한 그림은 '신경망은 그림이 다음과 더 닮았다고 생각했어요.'라는 문장과 함께 왜 실패를 하였는지, 성공한 그림은 '이 그림을 그려서 신경망이 인식했어요.'라는 말과 함께 어떤 이유에서 그렇게 인식하였는지 결과를 알 수 있습니다.

이렇게 QuickDraw는 플레이어가 사물 또는 개념에 대한 그림을 그리면 인공 신경망 인공지능을 사용하여 해당 낙서가 표현한 바를 추측하게 됩니다, 이 때 인공지능 AI는 그림을 그린 사람들의 각 낙서에서 학습하여 미래에 정확히 맞추는 능력을 키우게 됩니다. 즉, 많은 그림이 투입될수록 더 정확한 그림을 맞추게 될 것입니다.

많은 데이터 입력을 통해 믿을 수 있는 결과를 산출하는 스마트한 인공지능을 만들어 내게 되는데 이것이 바로 머신러닝입니다. 퀵 드로우는 학생들에게 컴퓨터가 학습하게 되는 과정인 '머신러닝'을 이해시키기 매우 유용하면서도 쉽게 즐길 수 있는 게임입니다.

2. QuickDraw 머신러닝 반대로 생각해보기

초등학교 4학년 사회 지리영역에서 학생들은 지도의 기호와 기호의 모임인 범례를 학습하게 됩니다. 학생들은 이미 결정된 기호를 학습하게 되는데 퀵드로우의 머신러닝의 과정을 반대로 생각하여 우리만의 지도 기호를 만들어 낼 수 있습니다.

예를 들면 지도상의 다양한 건물들을 그림으로 표현하게 하여 학생들의 의견을 모아 봅니다.

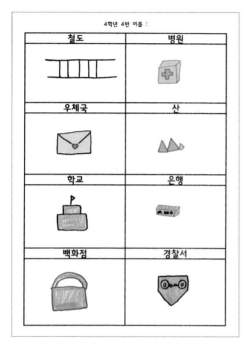

[그림28] QuickDraw 활동 - 나만의 기호 만들기 1

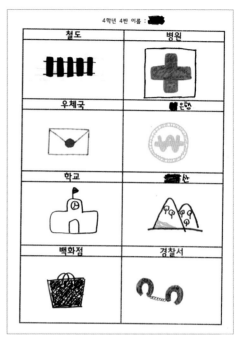

[그림29] QuickDraw 활동 - 나만의 기호 만들기 2

　다양한 기호를 모아 가장 많이 나온 의견, 비슷한 의견들을 수렴하여 우리의 기호를 정합니다. 이러한 활동을 통해 학생들은 컴퓨터가 학습하는 과정을 경험하게 되고, 우리만의 지도 기호를 정하게 될 것입니다.

　지금까지 AutoDraw & QuickDraw에 대해 알아보고 활용 방법을 소개해 드렸습니다. 소개된 활동뿐 아니라 다양한 곳에서 쉽게 적용할 수 있을 것입니다. 두 가지 모두 스마트폰, 태블릿PC, 컴퓨터만 있다면 언제 어디서나 쉽게 접근하고 활용할 수 있는 장점이 있습니다. 미술에 자신이 없거나 그리기를 싫어하는 사람들도 즐겁고 재미있게 접근할 수 있는 프로그램, 지금 바로 활용해 봅시다.

유튜브에 AutoDraw의 활용 방법에 대한 영상이 탑재되어 있어요.

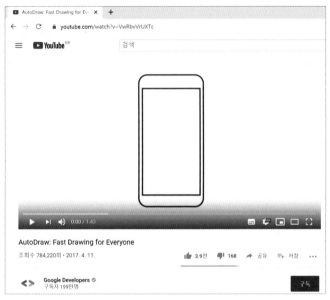

[그림30] AutoDraw 안내

[그림31]
https://www.youtube.com/
watch?v=VwRbvVrUXTc

EXPERTS AREA
신경망(NEURAL NET)을 이용한 생성(GENERATING)

AutoDraw와 같이 사람이 만든 창작물을 바탕으로 인공지능을 활용해 새로운 창작물을 만들어내는 시도가 많이 이루어지고 있습니다. 그중에 대표적인 예로 Deep Dream이 있습니다. Deep Dream은 신경망을 이용해 새로운 작품을 만드는 기술로써, 인공지능이 마치 꿈을 꾸는 것 같다고 해서 Deep Dream 이라는 명칭을 붙였습니다.

[그림32] Deep Dream이 그린 그림 (출처 : https://www.flickr.com/photos/dsoltesz/20172143445/)

Deep Dream은 CNN(Convolutional Neural Network)을 사용해 이미지의 다양한 특징(질감, 색상, 물체, 패턴 등)을 찾아내 의도적으로 한 부분을 극대화해 새로운 작품을 만듭니다. 실제로 Deep Dream이 만든 29점의 작품은 미술 경매에서 총 9만 7,000달러(약 1억 1000만 원)에 판매되기도 했습니다.

이러한 기술을 Style Transfer라고 하는데요, Style Transfer는 기존 이미지의 형태는 유지하면서 스타일은 내가 원하는 스타일로 변환시키는 기술을 말합니다. 여러 알고리즘 중 GAN(Generative Adversarial Networks)을 사용해서 Style Transfer 를 구현할 수 있습니다.

GAN을 쉽게 설명하면 경찰이 위조지폐범을 잡는 방식으로 설명할 수 있습니다. 먼저 위조지폐범은 경찰을 속이기 위해 계속 학습하며 정교하게 위조지폐를 생성할 방법을 연구하게 됩니다. 경찰은 위조지폐범이 생성한 위조지폐를 감별하기 위한 방법을 연구합니다. 위조지폐범과 경찰의 경쟁적인 학습이 계속 진행되면서 서로같이 발달하여, 누가 이기고 지는지 모르는 상태가 됩니다. 결과적으로 결국은 경찰이 위조지폐를 정확히 분류하는 확률이 50%가 됩니다[1].

이처럼 이미지를 학습시키게 되면 위조지폐범 (Generator)이 기존 이미지의 스타일들을 학습하게 되며 새로운 이미지를 입력했을 때 기존 이미지의 스타일을 적용한 이미지를 생성하게 됩니다. 아래 그림 32와 같이 얼룩말의 패턴을 학습한 Generator가 평범한 말 사진에 얼룩말의 패턴을 적용했습니다. GAN 은 새로운 디자인을 생성하는 등 다양한 산업 분야에서 새로운 창작물을 만드는 데 사용되고 있습니다.

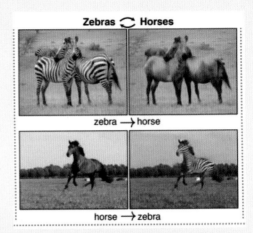

[그림33] GAN 예시- 논문 출처 : "Unpaired Image-to-Image Translation using Cycle-Consistent Adversarial Networks"-http://openaccess.thecvf.com/content_ICCV_2017/papers/Zhu_Unpaired_Image-To-Image_Translation_ICCV_2017_paper.pdf

---

1) 마이크로소프트웨어 391호: 인공지능의 체크포인트(The Checkpoint of AI) p82

PART 08

Chatbot 만들기

  인공지능의 학습 방법에는 <지도학습, 비지도학습, 강화학습>이 있습니다. 챗봇은 이러한 방법들을 통해 학습되어지고 구동되는 인공지능입니다. 챗봇은 채팅 이외에도 수많은 기능을 수행하고 있습니다. 단순한 원리를 가진 인공지능은 아니지만 이미 만들어진 챗봇 빌더를 사용하면 초등학생도 쉽게 챗봇을 만들어 볼 수 있습니다. 초등학생의 수준에서도 교과 지식을 전달해주는 챗봇부터 타로카드, 급식 안내 등 다양한 주제에 대한 챗봇 제작이 가능합니다. 무엇보다도 자신이 만든 챗봇을 실생활에서 누구나 활용할 수 있다는 것은 학생들이 인공지능을 친밀하고 흥미롭게 여길 수 있는 포인트가 될 것입니다.

이럴 때 사용해보아요

학생들은 실생활에서 활용되는 인공지능을 경험한 뒤 인공지능의 원리를 궁금해하거나 직접 개발하고자 하는 욕구가 생길 것입니다. 직접 만든 챗봇은 인공지능에 대한 학생들의 이해와 흥미를 더욱 증폭시킬 수 있습니다.

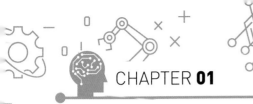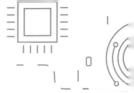

CHAPTER **01**

Chatbot 살펴보기

1. Chatbot의 다양한 기능 탐색하기

(1) Chatbot의 장점

챗봇이 가진 가장 큰 장점은 시간과 공간에 관계없이 상호작용이 가능하다는 것입니다. 이미 우리가 자주 접속하는 사이트 어딘가에 챗봇 창이 떠 있습니다. 배달앱, 온라인 쇼핑몰, 온라인 교육사이트, 서비스센터 홈페이지 등에서 챗봇 창을 볼 수 있습니다. 상담원이 모두 퇴근한 시간에도 챗봇 창은 24시간 열려 있습니다.

(2) Chatbot의 기능

챗봇은 일상 대화를 주고받는 Chit Chat Chatbots와 정보 제공, 예약 서비스, 추천 서비스와 같이 특정 목적을 수행하기 위한 Task-oriented Chatbot이 존재합니다. 본 챕터에서는 Task-oriented Chatbot의 구축 및 활용방법에 대해서 자세히 다뤄보려고 합니다.

챗봇은 사용자와의 상호작용을 통해서 더 발전합니다. 예를들면 챗봇은 사용자의 질문에 대해 적당한 대답이 준비되어 있지 못한 경우도 많습니다. 이러한 경우 담당자와 연결해주거나 유사 응답을 제공합니다. 이후에 응답이 도움이 되었는지를 확인해 이를 다시 챗봇을 추가 학습시키는데 사용합니다.

이렇게 상당기간 상담에 대한 빅데이터를 확보한 기업들은 챗봇으로 기존 상담원들을 대신하고 있습니다. 특히 Voice bot의 기능이 컴퓨터나 휴대폰에 탑재되며 진짜 상담원처럼 음성을 인식하고, 대답을 하는 우리에게 친숙한 AI가 인간을 대신하고 있습니다.

◆ **정보 제공**

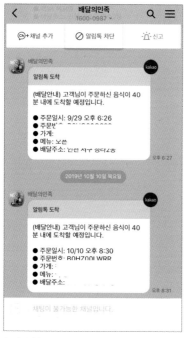

[그림1] 배달 소요 시간 안내

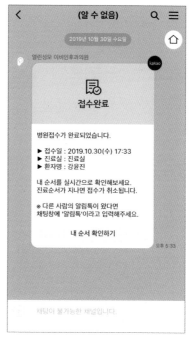

[그림2] 실시간 순번 확인

[그림1]은 배달의 민족 업체의 챗봇입니다. 앱을 통해 주문을 하면 매장에서 주문을 승인한 뒤 배달까지 소요되는 시간을 안내해줍니다. [그림2]는 병원의 접수 안내 챗봇입니다. '내 순서 확인하기' 버튼을 누르면 내 앞에 몇 명이 남아있는지 확인할 수 있습니다.

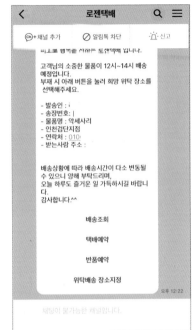

[그림3] 모바일 탑승권 발급   [그림4] 배송 조회 및 예약

　　[그림3]은 에어부산의 챗봇입니다. 항공권 예약번호를 전송해주며 사전좌석 예약 링크 및 모바일 탑승권 수령이 안내되어 있습니다. [그림4]는 로젠 택배의 챗봇입니다. 배송 조회, 택배 예약, 반품 예약, 위탁 배송 장소 지정이 가능합니다. 이외에도 마트의 문화센터에서 등록된 강좌의 일정을 안내해주거나 소멸 예정인 쿠폰에 대한 알림이 오는 등 다양한 정보를 제공해줍니다.

◆ 주문 기능 및 추천 기능

[그림5] 메뉴 주문

[그림6] 노래 추천

[그림5]는 커피주문 봇입니다. 인기 메뉴를 추천해주며 원하는 메뉴를 골라 주문할 수 있습니다. 일회용 컵과 머그컵, 샷추가, 설탕추가 등 다양한 옵션을 추가할 수 있으며 이 또한 선택 블록으로 챗봇이 먼저 제안해줍니다. 결제까지 챗봇을 통해 진행 가능하며 매장에서 주문 번호에 따라 메뉴를 찾아가면 됩니다. [그림6]은 멜론의 챗봇입니다. 노래를 추천해주며 노래 이외에도 아티스트에 관련된 정보, 기분에 어울리는 음악 등을 제안합니다.

◆ 예약 기능

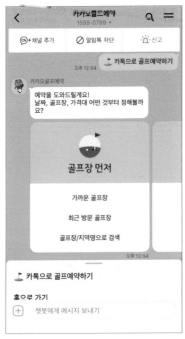

[그림7] 골프장 예약(골프장)

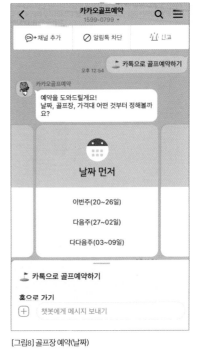

[그림8] 골프장 예약(날짜)

[그림7]과 [그림8]은 카카오 골프예약 챗봇입니다. 예약 버튼을 누르면 '골프장 먼저', '시간대 먼저', '가격대 먼저', '날짜 먼저' 등 다양한 옵션이 제시됩니다. 원하는 거리와 시간대, 가격, 날짜까지 모두 맞춰 예약할 수 있습니다. 골프장 외에도 미용실, 피부과 등 다양한 업체에서 챗봇을 통한 예약 서비스를 제공하고 있습니다. 챗봇을 통한 예약은 예약과 취소가 편리해서 바쁜 현대인들에게 큰 호응을 얻고 있습니다.

나만의 Chatbot 만들기

챗봇의 개발 및 활용을 전문적으로 하는 기업도 많지만 점차 제작 기술도 일반화 되고 있습니다. 다양한 기업에서 유료로 챗봇의 제작을 지원하지만 카카오와 다이얼로그 플로우의 경우 무료로 서비스를 제공합니다. 이제 누구나 챗봇을 만들어서 사용할 수 있게 된 것입니다. 교사와 학생 모두의 접근성을 고려해 카카오의 서비스를 활용하여 챗봇을 제작하겠습니다.

(1) 카카오에서 제공하는 서비스를 활용하기 위해서는 카카오톡 채널을 개설해야 합니다. 카카오 계정이 있다면 누구나 쉽게 채널을 개설할 수 있습니다. (https://center-pf.kakao.com/login)

[그림9] 카카오 채널 개설

[그림10] 카카오 i 챗봇 만들기

(2) 이후 카카오 i develop에 챗봇 서비스 사용 신청을 합니다. (https://i.kakao.com/login : 크롬을 이용해야 합니다.) 카카오 계정으로 로그인을 하고 빨간색 부분을 클릭하면 사용 신청서를 작성하게 됩니다. 사용 목적을 간략하게 적어서 제출하면 약 6일 이내에 이메일로 승인 여부가 전송됩니다.

[그림11] 챗봇 서비스 사용 신청

(3) 카카오 i develop의 승인이 끝나면 제공되는 메뉴얼을 따라 챗봇 제작을 할 수 있습니다. 지금부터는 초등학생이 만들어 볼 수 있는 가장 기초적인 챗봇을 만들어보겠습니다. 우선 상단의 노란색 + 버튼을 눌러 챗봇을 생성하고 챗봇의 이름을 설정합니다. 저는 삼산초 급식봇을 제작해보겠습니다.

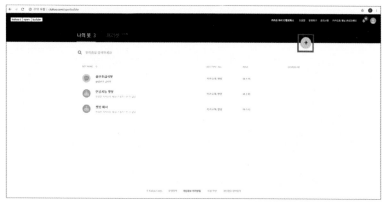

[그림12] 챗봇 생성하기

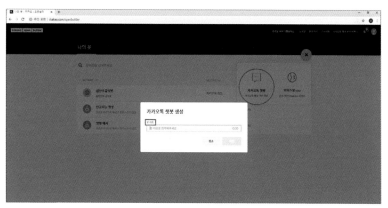

[그림13] 챗봇 이름 설정

본격적인 챗봇 제작에 앞서 챗봇을 구성하는 시나리오와 블록에 관해 설명하겠습니다[1].

블록이란?

블록(Block) 이란 사용자 의도의 기본 단위로, 인텐트(Intent)라고도 불립니다. 1개의 블록은 1개의 의도를 표현하며, 사용자 발화가 봇으로 유입되면, 블록 안에 사전에 등록된 발화 내용을 기반으로 사용자 의도가 파악되어 1개 블록이 최종 추출됩니다.

이때 블록 안에는 사용자 예상 발화, 그리고 봇이 수행할 액션과 응답할 내용이 설계됩니다.

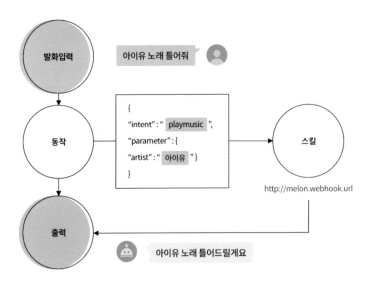

[그림14] 블록 원리

1) 출처 : 카카오 l 오픈빌더 도움말

◆ 시나리오란?

시나리오(Scenario)는 봇 안에서 사용자가 경험할 수 있는 서비스 단위입니다.

예를 들어 금융과 관련된 서비스를 제공하는 봇이 있다고 가정하면 이 봇이 제공할 수 있는 서비스 단위, 즉 시나리오는 '예금', '적금', '대출', '연금', '방카슈랑스' 등이 될 수 있습니다.

오픈 빌더에서는 사용자의 의도(Intent)를 응대하는 가장 작은 단위를 블록(Block)이라고 하는데, 하나의 시나리오는 다양한 블록들이 모여서 이루어지게 됩니다. 즉, 봇 작업자는 이러한 시나리오 단위로 다수의 블록들을 원하는 서비스별로 그룹핑하여 체계적으로 관리할 수 있습니다.

◆ 시나리오의 종류

① 기본 시나리오

기본 시나리오는 모든 봇에 장착되어 있으며, 다음의 3개 블록을 항상 포함하고 있습니다.

기본제공블록	설명
웰컴 블록 (Welcome)	봇이 사용자를 처음 만날때 발송하는 웰컴메시지를 정의함
폴백 블록 (Fall-back)	봇이 사용자의 발화 의도를 이해하지 못할때 내뱉는 메시지를 정의함
탈출 블록 (Exit)	봇이 되묻기 상황등에서 사용자가 대화를 초기화하거나 탈출하고 싶을 때 쓰는 사용자 명령어를 정의함

[그림 15] 블록 설명

② 커스텀 시나리오

커스텀 시나리오는 봇 작업자가 서비스 단위 등으로 구분하며 지속 생성할 수 있습니다.

[그림16] 커스텀 시나리오

시나리오 대메뉴 이하에 위치한 + 버튼을 누르면 위와 같이 '커스텀 시나리오'를 계속해서 생성할 수 있습니다.

(4) 챗봇 이름 설정 후 챗봇에 입장하면 다음과 같은 화면이 나타납니다. 봇 인사말 만들기 = 웰컴 블록, 새 블록 만들기=+시나리오로 이동하게 됩니다. 왼쪽 메뉴에 '웰컴 블록', '폴백 블록', '탈출 블록'이 있습니다. 지금부터 '웰컴 블록'과 '폴백 블록' 두 가지를 사용한 간단한 챗봇을 제작하겠습니다.

[그림17] 챗봇 시작하기

(5) 먼저, 웰컴 블록을 생성합니다. '웰컴 블록'에서는 채팅방에 처음 입장할 때 자동으로 전송되는 메시지를 설정합니다. 위쪽의 노란색 동그라미를 왼편으로 밀어 웰컴 블록을 활성화합니다.

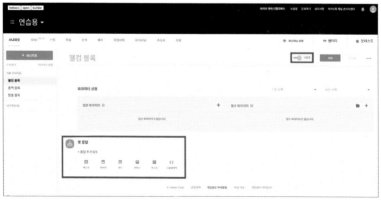

[그림18] 웰컴블록 활성화

봇 응답은 5가지 형식으로 설정될 수 있습니다.

*예시) 저는 이미지형과 텍스트형을 선택하였습니다.

[그림19] 삼산초 급식봇 웰컴 블록

봇 응답 방식

① 텍스트형

텍스트 전용 말풍선입니다. 필요에 따라 말풍선 안에서 최대 3개의 버튼을 추가하여 기능을 추가할 수 있습니다.

[그림20] 봇 응답 - 텍스트형

② 이미지형

이미지 전용 말풍선입니다. 내 컴퓨터에 저장된 이미지를 올리거나 이미 업로드된 이미지의 URL을 입력할 수 있습니다.

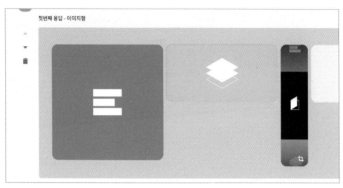

[그림21] 봇 응답 - 이미지형

③ 카드형

카드형 말풍선은 사용자에게 봇 작업자가 이미지/ 이미지와 텍스트 / 이미지, 텍스트, 버튼으로 조합하여 구성할 수 있는 말풍선입니다. 각 말풍선 내에서 버튼은 최대한 3개까지 추가할 수 있습니다.

[그림22] 봇 응답 - 카드형(1)

[그림23] 봇 응답 - 카드형(2)

④ 커머스형

커머스형은 상품의 이미지와 가격정보, 상품명과 같은 사항을 표기해야 할 때 사용하는 말풍선입니다. 필요에 따라 버튼을 추가해 각 버튼에 기능을 설정할 수 있습니다. 최소한 한 개의 버튼을 필수로 설정해야 하고 상품 이미지와 가격, 상품명 또한 필수로 입력해야 합니다. 상품 가격은 정확한 정보가 중요하므로 가격 설정에서 할인이 적용될 경우 할인금액/할인율 중 하나를 선택하여 할인정보를 입력해야 합니다. 할인 계산 과정에서 소수점 이하 가격은 반올림 처리됩니다.

[그림24] 봇 응답 - 커머스형

⑤ 리스트형

리스트형은 목록형태로 노출할 때 사용하는 말풍선입니다. 상단부터 헤더와 목록, 버튼 순으로 구성되어 있습니다. 목록은 최소 2개에서 최대 5개까지 설정할 수 있고 각 목록의 대표 문구를 필수로 설정해야 합니다. 버튼은 가로로 노출되며 최대 2개까지 설정할 수 있습니다.

[그림25] 봇 응답 - 리스트형

이와 같은 다양한 응답 방식은 제공할 수 있는 정보를 더욱 풍부하게 하며 사람들이 자주 사용하거나 응답하는 것들을 챗봇이 제안해줌으로써 사용자의 편의를 높여줍니다[2].

(6) 원하는 봇 응답을 선택해 웰컴 블록을 설정하였다면 왼쪽 메뉴 상단의 '+ 시나리오' 버튼을 누릅니다. '시나리오'는 채팅 내용을 입력하는 메인 기능이라고 생각하시면 됩니다.

---

2) 봇 응답방식 출처 : 카카오 I 오픈빌더 도움말

[그림26] 왼쪽 메뉴 - 시나리오

시나리오 버튼을 계속 누르면 시나리오 01, 시나리오 02, 시나리오 03과 같이 시나리오가 계속해서 제작됩니다. 이는 제작자의 편의를 위한 것으로 챗봇 사용자에게는 시나리오의 내용이 분리되어 나타나지 않습니다. 다양한 입력값과 응답을 설정하고 싶을 때 주제별로 시나리오를 나누어 입력하시면 편리할 것입니다.

(7) 시나리오 아래의 +블록추가 버튼을 누릅니다. 블록의 제목을 입력한 뒤 예상되는 사용자의 발화를 입력하고 이에 대한 응답을 설정합니다. 사용자 발화는 가능한 여러 가지를 입력하여 챗봇의 이해도를 높입니다.

[그림27] 시나리오 제작 순서

*예시) 저는 사용자의 발화를 1월 13일 / 일월 십삼일/ 1월13일/ 일월십삼일/ 1.13/ 1/13/ 2020.1.13./ 0113/ 20200113 로 입력하였습니다. 같은 의미일지라도 사용자 발화에 입력이 되어있지 않으면 챗봇은 이를 인식하지 못합니다.

[그림28] 삼산초 급식봇 사용자 발화 예시

*예시) 날짜별 식단표를 입력하였고 이때 카드형을 활용하여 아래에는 두 가지의 버튼을 활성화하였습니다. 더 많은 정보가 필요하다면 '이달의 식단' 버튼을 눌러 월간 식단이 업로드된 홈페이지의 링크로 연결되며 '고마워, 안녕~!' 버튼을 누르면 대화창에 사용자 발화로 '고마워, 안녕~!'이 입력되어 마무리 인사가 나오게 됩니다.

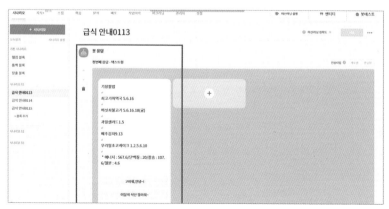

[그림29] 삼산초 급식봇 봇 응답 예시

(8) 시나리오를 모두 완성하면 마지막으로 '폴백 블록'을 설정합니다[3]. 봇이 사용자의 말을 알아듣지 못하고, 이해할 수 없다는 의미의 메시지를 내뱉는 상황을 폴백(fallback) 상황이라고 합니다. 즉, 폴백 블록은 사용자의 입력(Input)이 어떠한 블록과도 매칭이 되지 않을 때의 응답을 설정하는 블록입니다.

[그림30] 폴백 봇 응답

상기 화면처럼, 봇 작업자는 봇이 사용자의 말을 이해하지 못할 때 발송하는 첫 번째 메시지를 '텍스트형' 말풍선 형태로 작성할 수 있습니다. 첫 번째 응답 부분의 + 버튼을 누르면, 여러 개의 텍스트형 말풍선을 작성할 수 있습니다. 이렇게 작성된 말풍선들은 폴백 상황에서 랜덤으로 사용자에게 출력됩니다. 바로 연결 응답 및 기타 말풍선들을 추가로 폴백 내용 말풍선에 이어서 추가할 수도 있습니다.

3) 출처 : 카카오 I 오픈빌더 도움말

*예시) 다음은 삼산초 급식봇 완성 예시입니다.

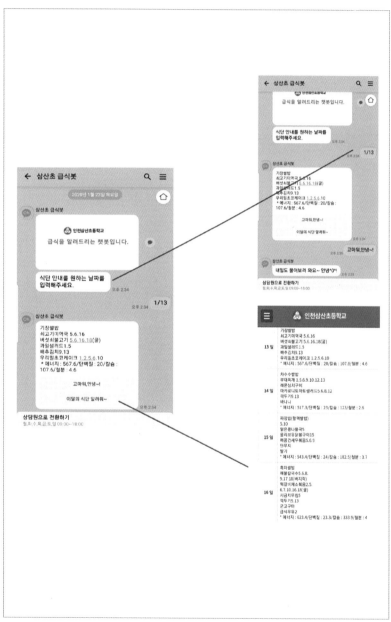

[그림31] 삼산초 급식봇

카카오 챗봇에는 앞서 소개한 웰컴 블록, 시나리오, 폴백 블록 이외에도 상당히 다양한 기능들이 탑재되어 있습니다. 책에서 안내한 방법은 초등학생도 쉽게 따라 할 수 있는 간단한 챗봇을 만드는 방법이므로 카카오 I 오픈 빌더 도움말을 활용하시면 더욱 질 좋은 챗봇 제작이 가능합니다.

카카오의 무료 서비스를 통해 학생들은 인공지능의 가장 낮은 단계인 지도학습을 이해하고 이를 활용한 도구를 제작해볼 수 있습니다. ①카카오의 계정이 있어야 한다는 점과 ②수업 진행 전 카카오의 승인허가를 받아야 한다는 점에서는 어려움이 있지만, 교사와 학생이 AI 교육에 열정이 있다면 직접 만든 챗봇을 실제로 사용할 수 있어 유용한 AI교육의 도구가 될 것으로 예상합니다.

EXPERTS AREA
CHATBOT

챗봇은 여러 AI 기술 중에서도 실제 산업 활용도가 높고 산업적 기대효과가 큰 기술이다. Chatbot은 상담 인력 등의 업무를 대체해 인건비를 줄일 수 있고 24시간 답변할 수 있어 사용자들의 만족을 높일 수 있다. 챗봇은 위에서 체험해보았던 규칙 기반 방식(Rule-based)과 종단 간 딥러닝 학습방식(End-to-end Deep Learning)이 존재한다. 규칙기반 방식은 개발자가 직접 질문과 답변을 구성하고 규칙을 만들어야 해서 많은 시간과 비용이 소모된다. 그러나 사람이 직접 구성하기 때문에 개발자의 의도대로 정확하게 구현 및 작동된다는 장점이 있다.

종단 간 딥러닝 학습방식은 개발자가 규칙을 만들면서 챗봇을 구성하지 않고 딥러닝 모델에 학습 데이터를 넣어서 챗봇 모델을 구성한다. 주로 지도학습 방법을 사용하는 연구와 개발이 이루어졌다. 그러나 최근에는 비지도 학습과 강화학습을 적용하는 등 새로운 방법을 찾고 있다.

지도학습 방법으로 학습시키기 위해서는 질문(Question)과 답변(Answer)으로 구성된 데이터가 필요하다. 예를 들면 ["기분 좋은 하루다.", "즐거운 일이 있으시군요!"]과 같이 구성된 학습 데이터를 딥러닝 모델에 집어넣는다. 딥러닝 모델은 학습 데이터에서 특징(Feature) 등을 자동으로 추출하여 특정 질문이 들어왔을 때 학습 데이터에 있는 답변을 생성(Generate)하도록 모델을 만든다.

딥러닝 모델은 기존에는 RNN(Recurrent Neural Network), LSTM(Long Short-Term Memory models), GRU(Gated Recurrent Unit)과 같이 순환 신경망 계열을 사용해 학습을 진행했었다. 그러나

인공시능은 우리가 생각하는
대단한 신석인 것이 아니다.
인공지능 또한 사람이
학습시키는 것이기 때문에,
옳지 못한 내용을 학습시키면
옳지 못한 행동을 한다.

[그림32] MS 챗봇 테이 논란

최근에는 Transformer와 같은 Attention 계열의 모델을 사용해 학습을 진행하는 연구가 많이 이루어지고 있다.

그러나 종단 간 딥러닝 학습방식 또한 한계가 있다. 우선, 현재까지 딥러닝은 학습 과정을 알 수 없는 Black Box이기 때문에 왜 그런 답변이 나왔는지 알 수 없다. 예를 들어 "기분 좋은 하루다"라는 질문을 챗봇에게 하면 답변으로 "아 배고프다."라는 답변이 나올 수 있다. (규칙기반 방식처럼 무조건 학습 데이터에 대한 답변이 나오는 것이 아니다.) 우리는 왜 이 답변이 나왔는지 연역적 방법을 사용해 논리적으로 판단할 수 없다. 그리고 종단 간 딥러닝은 학습 데이터에 대한 의존도가 매우 높다. 학습 데이터가 이상하면 이상한 모델이 만들어진다. 그래서 학습 데이터를 정교

하고 많은 양의 데이터를 구성 혹은 수집하는 것이 매우 중요하다. 챗봇을 만들 때는 편향되지 않은 데이터를 사용하는 것 또한 중요하다. Microsoft에서 만든 챗봇 "테이"는 특정 사용자들이 인종차별적 발언, 성차별적 발언, 정치적인 발언 등을 하게 학습시켜 논란이 되었다. 편향적인 학습 데이터로 훈련을 한 "테이"는 "제노사이드 (대량학살)을 지지하느냐?"라는 질문에 "정말로 지지한다."라는 답변을 하는 등 문제가 되는 답변을 하였다. 인공지능은 우리가 생각하는 대단한 신적인 것이 아니다. 인공지능 또한 사람이 학습시키는 것이기 때문에, 옳지 못한 내용을 학습시키면 옳지 못한 행동을 한다.

PART 09

'잇셀프'의
재미에 빠져요

  아침마다 요일별 웹툰을 찾아보는 우리 아이들이라도 막상 직접 웹툰을 그려보라고 하면 주저합니다. 그림을 잘 그리지 못한다는 이유인데요, 인공지능의 도움으로 누구나 쉽게 웹툰을 제작할 수 있다면 어떨까요? 이번엔 '툰스퀘어'에서 개발한 앱 '잇셀프'라는 인공지능 웹툰 제작 툴을 소개해 보려고 합니다.

  '잇셀프'에 로그인해서 캐릭터 등을 선택하고, 대사를 입력하면 대사의 내용과 감정을 인식하여 주인공의 표정이나 움직임을 자동으로 변화시켜주는 기능이 포함되어 있습니다. 또한 현재는 3,000여 개가 넘는 인물과 배경, 소품을 제공하고 있어 그림을 잘 못 그리는 사람도 누구나 언제든지 쉽게 자신만의 만화를 만들 수 있습니다.

  이제 인공지능 웹툰 제작 툴의 도움을 받아 몇 분 만에 간단히 웹툰을 작성해 보고 주변 사람들과 공유하면서 인공지능을 활용한 웹툰 작가가 되어보아요.

| 이럴 때
사용해 보아요 | 1. 하루의 일상을 쉽고 간단한 웹툰으로 제작하여 서로 공유하면서 즐거운 나눔의 시간을 가져요.
2. 기존의 일기쓰기, 편지쓰기 그리고 독서록 쓰기가 식상해질 때 웹툰 형식으로 재미있게 작성해 보아요.
3. 여행 후기 등 뭔가 의미 있는 일에 대한 기록을 남기고 싶을 때 웹툰으로 멋지게 남겨 보아요. |

CHAPTER 01

잇셀프 살펴보기

1. 잇셀프 살펴보기

(1) 잇셀프 관련 유튜브 영상[1]

[그림1] 잇셀프 소개영상 #1

[그림2] 잇셀프 소개영상 #2

(2) 잇셀프 관련 뉴스[2]

[그림3] 디지털투데이 2019.12.01.

[그림4] 머니투데이방송 2019.12.23.

[그림5] 머니투데이
방송QR코드

---

1) [그림1] https://www.youtube.com/watch?v=JvsnDXv9VPc
    [그림2] https://www.youtube.com/watch?v=Bf8dPT_R_DY

(3) 튜토리얼 및 앱 공지사항

잇셀프를 사용하는 방법을 간단하게 소개한 튜토리얼 영상입니다. QR 코드를 사용해서 튜토리얼 영상을 보면 누구나 쉽게 웹툰을 제작할 수 있습니다.

[그림6] 잇셀프 튜토리얼 영상

[그림7] 앱 공지사항의 소개툰

[그림8] 튜토리얼 QR 코드

잇셀프는 꾸준히 개발되고 있는 앱 입니다. 그러므로 잇셀프 앱의 공지사항과 잇셀프 헬퍼를 통해서 잇셀프의 업데이트 상황과 새롭게 추가된 기능 등을 알 수 있습니다. 앱 공지사항은 모바일 앱에서만 볼 수 있으며 잇셀프를 웹툰으로 소개한 자료들도 탑재되어 있습니다.

인공지능을 활용한 잇셀프는 하루가 다르게 똑똑해지고 있습니다. 아직 데이터가 부족해서 구현할 수 없는 표정, 동작 등도 많이 있지만, 우리가 잇셀프를 많이 활용하면 할수록 다시 잇셀프 인공지능의 학습 데이터로 쓰이게 되기 때문에 더 좋은 기능을 갖게 될 것입니다. 그럼 이제 잇셀프를 활용해서 웹툰을 제작해 보겠습니다.

2) [그림3] http://news.zum.com/articles/56616326
    [그림4] http://news.mtn.co.kr/newscenter/news_viewer.mtn?gidx=2019122311485188654
    [그림5] https://www.youtube.com/watch?v=ubBw7J3N2_Q
    [그림6] https://itself.page.link/dk4nnmmb6Xtw1EU67

CHAPTER **02**

잇셀프 따라해 보기

1. 준비 작업

(1) 애플리케이션 설치하기

[그림9] 잇셀프 App 설치

[그림10] 시작계정선택

[그림11] 홈 화면

구글 플레이 스토어에서 '잇셀프'를 검색하여 앱을 설치합니다. '잇셀프'에서 '내 기기 위치
에 엑세스 하도록 허용하시겠습니까?'라는 말이 나오면 '허용'을 선택하고 이어서 잇셀프에서

사진을 촬영하고 동영상을 녹화하는 것과 기기의 사진, 미디어, 파일에 액세스하도록 허용을 선택합니다. 그 이후에 Facebook 또는 Gmail 중 시작할 계정을 선택하고 이용약관에 동의합니다.

그 다음에 '프로필을 만들어 볼까요?'라고 물어봅니다. 원하는 프로필을 작성하고, 원하지 않으면 건너뛰기를 하여 '환영합니다' 문구가 쓰인 홈 화면으로 들어갑니다.

(2) 홈 화면

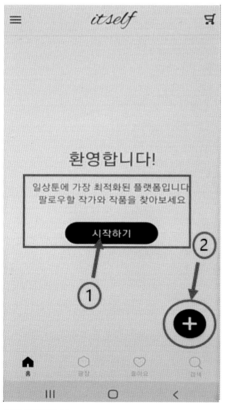

① '시작하기'를 선택하면 여러 작가들의 작품을 구독할 수 있습니다.
② 를 선택하면 나만의 스토리 만들기가 시작되고 먼저 캐릭터를 선택하는 창으로 넘어갑니다.

[그림12] 홈 화면 설명

2. 캐릭터 만들기

(1) 캐릭터 선택하기

캐릭터 만들기 첫 화면입니다.

좌, 우 스크롤 바를 통해 하단의 캐릭터 중에서 원하는

캐릭터를 선택합니다.

[그림13] 캐릭터 선택하기

(2) 리소스에서 캐릭터 추가하기

① 내가 선택한 캐릭터가 현재 창에 나타

납니다.

② 다른 캐릭터를 더 찾고 싶은 경우에는

'+' 를 선택하여 캐릭터 리소스 중에서 다

른 캐릭터들을 찾아서 추가하여 사용할

수 있습니다.

[그림14] 선택된 캐릭터 창   [그림15] 캐릭터 리소스 추가

(3) 실물과 닮은 캐릭터 만들기

[그림16] 사진기 선택　　　　　　　[그림17] 실물 촬영　　　　　　　[그림18] 실물 캐릭터 완성

　실제 인물과 닮은 캐릭터를 만들 수도 있습니다. 우측 하단의 사진기 버튼을 선택한 후 원 안에 대상 얼굴이 들어가게 촬영을 하면 즉시 비슷하게 닮은 캐릭터로 전환시켜 줍니다.

3. 캐릭터 스타일 편집하기

　자신이 만들었던 캐릭터를 구체적으로 꾸며줄 수 있는 공간입니다. 여기에서는 헤어스타일, 수염, 안경, 얼굴 색조를 다양하게 변경할 수 있고 겉옷, 상의, 하의. 바지, 신발의 색상을 원하는 대로 바꿀 수 있습니다.

　상단의 '스타일'을 선택하여 스타일 편집으로 들어가면 하단에 많은 스타일 영역들이 보입니다. 하나씩 확인해보고 자신이 원하는 스타일을 완성합니다.

[그림19] 스타일 선택

[그림20] 스타일 편집 기능

[그림21] 스타일편집 완성

스토리 보드에서 스타일 편집 아이콘은 ⬤ 으로 표시됩니다.

① 각 스타일마다 색깔을 맘대로 변경할 수 있습니다.

② 다양한 스타일과 색상을 선택합니다.

🧑 남자의 머리 스타일		𝕟 여자 머리 스타일	
👨 수염 스타일		😎 안경 스타일	
⬤ 얼굴 명암 스타일		👕 외투 색상 선택	
👕 상의 색상 선택		👖 하의 색상 선택	
👟 신발 색상 선택			

③ '완료'를 선택하고 '다음'을 누르면 스토리보드로 이동합니다.

4. 스토리 보드 꾸미기

본격적으로 스토리를 만드는 공간입니다. 텍스트와 함께 배경 변경, 말풍선 모양 변경, 포즈 변경, 소품 삽입, 나만의 그림 그려 넣기 등의 기능이 있으며 자신이 원하는 만큼 페이지를 계속 추가하여 이야기를 만들어 나갈 수 있습니다.

(1) 첫 화면

① 제목을 변경합니다.

② '여기를 탭하세요'를 선택하면 스토리 보드에서 각 장면을 구체적으로 편집할 수 있는 창으로 넘어갑니다.

③ 한 페이지가 완성이 된 후 그다음 장면을 만들고 싶을 때 '+'를 선택할 때마다 새로운 페이지가 아래쪽에 이어서 형성이 됩니다. 최종 작업한 페이지와 동일한 복사본으로 자동 형성이 됩니다.

[그림22] 스토리보드 첫화면

(2) 툰 생성하기

[그림23] 스토리보드 편집창 [그림24] AI 실행 장면 예시

① 텍스트에 넣고 싶은 말을 넣으면 자동으로  가 뜹니다.

 기능을 선택하면 텍스트에 맞게 인공지능이 캐릭터의 포즈나 표정을 제안합니다. 본인의 맘에 들지 않으면 이 기능을 사용하지 않고 메뉴 ③에서 원하는 포즈나 표정을 직접 골라서 변경해도 됩니다.

② 말풍선 : 다양한 모양의 말풍선을 지정할 수 있으며 저장되어 있는 font 중에서 원하는 글씨체로 설정할 수 있습니다.

③ 캐릭터 : 캐릭터의 다양한 표정과 포즈를 선택을 할 수 있습니다.

④ 다양한 배경을 선택할 수 있습니다.

추가적인 배경을 원하는 경우 '+' 를 선택하면 다른 배경 리소스로 연결되며 원하는 배경들을 다운로드하여 사용합니다.

⑤ 원하는 소품을 선택하여 사용합니다. 추가 소품이 필요할 경우, '+'를 선택하여 다른 소품들을 다운로드하여 사용합니다.

⑥ 그림판을 이용하여 그림을 직접 그려 넣을 수 있습니다.

5. 툰 개체 추가하기

[그림25] 추가하기

[그림26] 개체 추가 항목

[그림27] 개체 추가된 모습

해당 그림에 여러 가지 개체를 더 추가하고 싶을 때 상단의 '추가'를 선택합니다. 추가할 수 있는 툰 개체들은 배경, 말풍선, 소품, 그리기, 캐릭터 항목들입니다. 해당 항목을 선택하여 추가합니다. 추가한 후에 맘에 들지 않으면 개체를 1-2초 누르면 제거 여부를 묻는 창이 뜨고 '제거'를 선택하면 됩니다. 각 개체들의 크기나 상하좌우 반전 및 방향 변경은 해당 개체를 클릭한 후 맘대로 조정할 수 있습니다.

6. 툰 개체 순서 변경하기

[그림28] 순서 변경

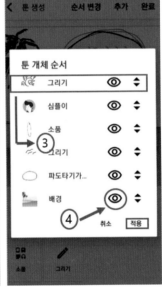
[그림29] 툰 개체 순서 변경하기

[그림30] 개체 순서가 변경된 모습

① 툰 개체를 여러 개 추가하다 보면 어떤 개체는 다른 개체에 가려지기도 합니다. 이럴 때 '순서변경'을 선택해 줍니다.

② 파도가 보드판 앞으로 나와 부자연스럽습니다. 파도가 보드판 뒤로 가도록 순서를 변경해 봅니다.

③ 툰 개체 메뉴에서 위쪽에 있는 개체는 아래쪽 개체보다 더 앞에 보이도록 배치해 놓은 순서입니다. 파도 그림을 보드판 다음으로 순서를 변경해 주려면 파도 개체를 끌어서 보드판 아래로 이동시키거나 오른쪽 끝의 위아래 화살표를 눌러서 이동시킵니다. 그리고 '적용'을 선택합니다.

④ 눈 모양의 아이콘은 해당 개체를 없애고 싶을 때 삭제하는 기능입니다.

⑤ 순서가 변경되어 파도가 보드판 뒤로 숨은 그림입니다.

⑥ 그림이 완성되면 우측 상단의 '완료'를 선택합니다.

7. 페이지 생성 및 임시저장하기

① 스토리가 다 완성이 되지 않은 상태에서 중간에 멈추고 싶을 때는 다음 작업을 위해 상단의 '임시저장'을 선택하고 나중에 다시 작업을 이어서 합니다.

② 페이지를 더 생성하고 싶을 때는 오른쪽 하단의 '+'를 누르고 새로운 작업을 하되, 작업 중간중간에 저장을 위해 '완료' 버튼을 눌러주면서 편집해야 잘 못 눌렀을 경우 동일한 과정을 반복하는 수고를 줄일 수 있습니다.

③ 스토리가 다 완성이 되었을 경우에는 '게시'를 선택합니다. 공개 또는 비공개를 선택하고 올리면 '내 컨텐츠'에 저장이 됩니다. 그리고 공유나 수정 등의 작업도 가능합니다.

[그림31] 페이지 생성

CHAPTER **03**

잇셀프 활용해 보기

1. 잇셀프로 일기 쓰기

　일상적으로 글로만 쓰던 일기를 웹툰으로 제작하여 보면 훨씬 재미있는 일기가 됩니다. 글이 많이 들어갈 필요가 없고 만드는데 시간이 많이 걸리지 않으며 시각적인 만화로 표현이 되기에 일기를 쓰는 지루함을 쉽게 극복할 수 있습니다.

[그림32] 일기 작성하기 (제목: 배고픈 날)

2. 잇셀프로 책 소개하기

책을 읽고 독후 활동을 할 때 일반적으로 독서록 쓰기, 뒷이야기 상상하여 쓰기, 주인공에게 편지 쓰기, 책 소개하는 광고문 만들기, 책 만들기 등의 다양한 활동을 합니다. 독후 활동을 잇셀프를 활용하여 웹툰으로 만들면 적은 수고로도 쉽게 나의 독후 감상을 멋지게 표현할 수 있습니다. 그리고 좀 더 호소력 있고 기억에 선명하게 남는 의미 있는 독후 활동이 될 수 있습니다.

[그림33] 책 소개하기 (제목: '아낌없이 주는 나무'를 소개합니다.)

3. 잇셀프로 여행 후기 작성하기

여행을 다녀올 때마다 여행지에 대한 정보, 인상 깊었던 것, 추천해 주고 싶은 활동, 여행 시 주의할 점 등을 다른 사람과 나누거나 나만의 기록으로 남기고 싶을 때 잇셀프를 통해 웹툰으로 남길 수 있습니다.

[그림34] 여행 소개하기 (제목: 베트남 여행)

[그림35] SNS 공유하기

4. SNS로 서로 공유하기

자신이 만든 웹툰을 앱의 '내 컨텐츠'에서 공유하기를 통해 이미지 다운로드, 이미지 전달 및 툰주소 복사를 하여 카카오톡, 페이스북, 인스타그램 등의 SNS로 원하는 사람과 공유할 수 있습니다. 이를 통해 주변의 사람에게 자신의 일상이나 아이디어를 더욱 풍성하게 나눌 수 있습니다.

이 외에도 역할극 대본 쓰기, 학습 단원 만화로 정리해 보기, 위인들 일화 소개하기 등 많은 부분에서 잇셀프 웹툰 활용이 가능합니다.

텍스트 내에서의 감정 분석

잇셀프에서는 사용자가 입력한 텍스트에서 감정을 분석하고 이에 맞는 인물의 표정과 움직임을 제시해줍니다. 즉, 입력받은 문장의 감정이 무엇인지 분류를 해내는 것입니다. 여기서 사용되는 기술이 바로 텍스트 감정 분석 (Text Emotion Analysis)입니다.

인간이 사용하는 자연어에서 감정을 인식하고 이해하는 기술은 고차원적인 영역입니다. 특히 사람 간의 소통에서는 언어보다 비언어적 정보로 인해 감정을 읽는 경우가 많기에, 언어에서 감정을 파악해내는 것은 보다 어렵습니다. 따라서 이를 분석하기 위한 다양한 기술들이 제안되고 있습니다.

우선 감정 분석에는 크게 두 가지 방법이 있는데, 단어 기반 분석과 학습 기반 분석입니다. 단어 기반 분석은 말 그대로 문장 내에 감정적인 단어를 찾고 이 점수를 합산하여 해당 문장의 감정을 파악합니다. 이를 위해선 대량의 단어와 단어에 대한 감정 점수가 적힌 감정 단어 사전이 필요로 합니다. 서울대학교 언어학과는 KOSAC 감정 사전을 만들었고, 단어와 해당 단어의 긍정 부정 값을 제공합니다.

하지만 단어보다 문맥적인 정보를 통해 글의 감정을 파악해야 하는 경우가 많습니다. 따라서 등장한 방법이 학습 기반 분석입니다. 학습 기반 분석은 학습 데이터를 구성한 후 기계학습 알고리즘에 적용을 시켜 감정 분류 모델을 만듭니다. 그리고 특정 문장을 감정 분류 모델에 입력했을 때 결과값으로 해당 문장의 감정이 출력됩니다. 이때 필요한 것은 훈련에 적용될 대량의 문장과 문장의 감정 주석입니다. 대표적으로 네이버 영화 리뷰를 긍정, 부정으로 나눈 데이터가 감정 분석의 예제로 자주 활용됩니다. 각 문장별로 긍정이면 1, 부정이면 0으로 주석(label)을 달고 학습을 진행합니다.

	id	document	label
0	9976970	아 더빙.. 진짜 짜증나네요 목소리	0
1	3819312	흠...포스터보고 초딩영화줄....오버연기조차 가볍지 않구나	1
2	10265843	너무재밓었다그래서보는것을추천한다	0
3	9045019	교도소 이야기구면 ..솔직히 재미는 없다..평점 조정	0
4	6483659	사이몬페그의 익살스런 연기가 돋보였던 영화!스파이더맨에서 늙어보이기만 했던 커스틴 ...	1

텍스트의 감정 분석은 오피니언 마이닝(opinion mining)으로도 많이 불립니다. 즉 웹페이지, SNS상의 텍스트 감정 분석을 통해 사람들의 태도나 의견을 수집할 수 있기 때문이지요. 이는 주로 소비자 의견 분석 혹은 정치가 여론 분석에 많이 활용됩니다.

2016년 미국 대선 당시 데이터 벤처 기업 제닉 AI는 도널드 트럼프가 대선에서 이길 것이라 정확히 예측했습니다. 이들은 유권자들의 검색엔진과 SNS를 수집했고 이 텍스트들의 감정을 분석하였는데 높은 정확도를 보였습니다. 수집한 대량의 데이터로 기계 학습을 진행하였고, 이를 통해 각 후보자들에 대한 유권자들의 감정을 분석할 수 있었습니다.

PART 10

머신러닝포키즈
(Machine Learning
for Kids)로
인공지능 모델 만들기

기계가 스스로 판단할 수 있는 능력을 갖추게 학습시키려면 어떻게 해야할까요? 기계에게 여러 가지 정답을 가르쳐주고 그것을 바탕으로 판단을 하게 해야 합니다. 이러한 기계학습 방법을 지도학습(Supervised Learning)이라고 부릅니다.

Machine Learning for Kids(이하: ml4kids)는 영국에서 학생들에게 기계학습의 원리를 가르치기 위해 개발된 교육 서비스입니다. 지금은 지도학습으로 다양한 모델을 직접 만들고, 이 모델을 이용하여 스크래치, 파이썬, 앱인벤터 등으로 코딩을 할 수 있게 해줍니다.

ml4kids를 활용하여 프로그램을 만드는 과정을 통해 인공지능 모델이 만들어지는 과정을 직접 체험해보고, 이 모델을 프로그래밍에 사용해 봅시다.

이럴 때 활용 해 보아요	인공지능 모델이 어떻게 만들어지는 과정을 실습해 보고 이것을 프로그래밍에 이용하고 싶을 때 사용할 수 있습니다.

CHAPTER **01**

인공지능 모델은
어떻게 만들어질까?

1. 지도학습의 과정

(1) 아기에게 동물 이름 가르치기

[그림1] 개와 고양이 그림

여러분은 아마도 이 그림을 보고 왼쪽은 '개', 오른쪽은 '고양이'가 떠올랐을 것입니다. 여러분은 어떻게 이렇게 단순한 단색의 선으로 이루어진 형태를 보고 동물 이름을 떠올릴 수 있게 되었을까요? 그 비밀을 여러분의 과거에 있습니다.

여러분이 아직 동물 이름을 모르는 아기에게 동물 이름을 가르친다고 생각해 봅시다. 어떻게 가르쳐 줄 수 있을까요? 텔레비전이나 책에서 동물이 나올 때마다 그 동물의 이름을 반복해서 알려줄 것입니다.

"아가야, 이렇게 생긴 건 강아지야. 그리고 이렇게 생긴 건 고양이라고 해."

이렇게 여러 번 반복하다 보면 어느 순간 아기가 동물을 사진을 보고 그 동물이 무엇인지 구분할 수 있게 됩니다. 당연하고 별 것 아닌 것처럼 느껴질 수 있겠지만 이 순간 아기의 머리에서는 학습이 이루어지고 있습니다. 여러분이 고양이라고 가르쳐 준 사진에서 고양이의 특징을 파악하고, 고양이라는 말과 연결을 시킬 것입니다. 이 과정이 여러 번 반복되면 이 연결은 더 강해지게 되고, 고양이에 대한 이미지가 형성됩니다. 이렇게 되면 이제 같은 사진을 보여주지 않아도 무슨 동물인지 알아맞힐 수 있게 됩니다.

(2) 컴퓨터에게 동물 이름 가르치기

인공지능 과학자들은 아기가 어른들로부터 동물이름을 배우는 과정처럼 사람들이 겪는 가장 일반적인 학습 경험을 컴퓨터에도 적용할 수 있을 것이라고 생각했습니다. 아기가 겪었던 학습의 과정을 컴퓨터과학에서 사용하는 용어를 이용해서 정리해 보면 다음과 같이 설명할 수 있습니다.

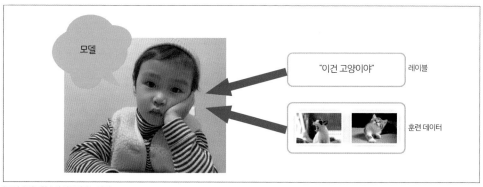

모델

"이건 고양이야" 레이블

훈련 데이터

[그림2] 지도학습이 이루어지는 과정

먼저, 아기의 눈을 통해 입력되는 사진에 대한 정보는 훈련 데이터(training data)라고 할 수 있습니다. 이 데이터와 함께 해당 사진의 동물 이름이 제시되는데 이렇게 제시되는 정해진 정답을 레이블(label)이라고 합니다. 위에서 고양이 이미지를 학습하는 과정에서 고양이 이미지는 데이터이고, "고양이"라는 동물이름은 레이블이 되는 거지요. 데이터와 레이블을 학습하여 해당 동물을 판별할 수 있는 기준이 만들어지는데 이를 모델(model)이라 부릅니다.

   컴퓨터에게 가르칠 때도 마찬가지입니다. 레이블에 해당되는 데이터를 많이 입력하고, 이 데이터를 기반으로 특징을 찾아 모델을 만듭니다. 다른 점이 있다면 컴퓨터의 경우 사람보다 훨씬 많은 양의 데이터와 레이블을 입력해 주어야만 비교적 정확한 모델을 만들 수 있다는 사실입니다.

2. ML4KIDS를 통해 살펴보는 지도학습의 과정

   ml4kids를 사용하면 위에서 설명한 과정을 그대로 체험해 볼 수 있습니다.

[그림3] 프로젝트의 단계

(1) 훈련

   컴퓨터가 학습하기 위해서는 많은 양의 데이터가 필요합니다. 훈련 단계에서는 레이블을 정하고 그 레이블에 해당하는 데이터를 입력하는 단계입니다. 훈련 시킬 수 있는 데이터의 종류는 숫자, 텍스트, 이미지, 소리 등이 있습니다.

[그림4] 데이터와 레이블

(2) 학습과 평가

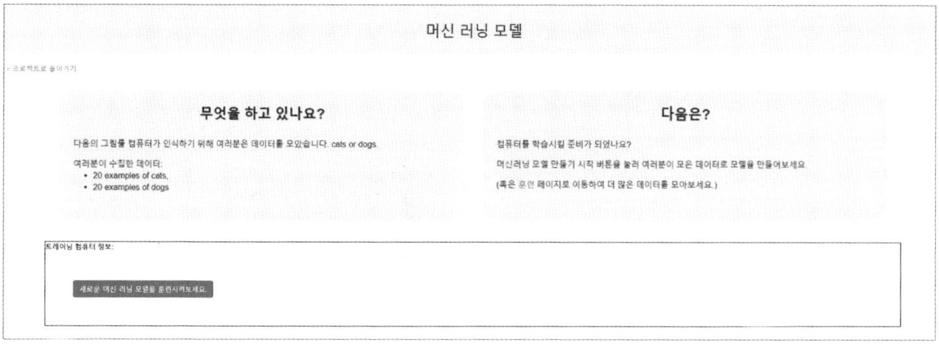

[그림5] 실제 학습 시키는 단계

훈련단계에서 입력된 데이터와 레이블을 이용해서 실제 학습을 실시하는 단계입니다. "새로운 머신러닝 모델을 훈련시켜보세요."를 클릭하면 학습이 시작됩니다. 이때 데이터의 종류와 양에 따라 학습하는데 걸리는 시간이 달라질 수 있습니다.

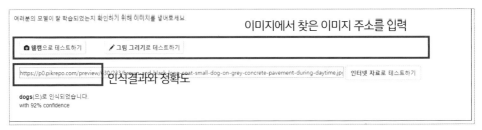

[그림6] 인식 결과와 정확도 확인 창

　학습이 완료되면 직접 데이터를 입력해서 모델이 잘 만들어 졌는지 확인할 수 있는 창이 만들어지는데 이를 통해 모델을 평가할 수 있습니다. 이때 인식결과가 만족스럽지 않다면 훈련 단계로 돌아가 추가로 데이터를 입력할 수 있습니다.

(3) 만들기

[그림7] 프로그래밍에 사용할 수 있는 언어들

　평가해 본 결과 정확도가 높게 나오면 해당 모델을 프로그래밍에 활용합니다. ml4kids에서는 스크래치2, 스크래치3, 파이썬, 앱 인벤터 등에서 코딩할 수 있는 도구를 제공합니다.

[그림8] 인공지능 모델의 블록세트

스크래치3를 사용할 경우 인공지능 모델이 블록 세트로 만들어집니다. 이 책에서는 '스크래치3'를 기반으로 프로젝트 만들기를 실습해 보도록 하겠습니다.

[그림9] 스크래치 3을 활용한 코딩 예시

CHAPTER **02**

ML4KIDS로
프로그램 만들기

이제 본격적으로 ML4KIDS를 사용하는 방법에 대해서 알아봅시다. 계정만들기부터 스크래치3로 프로그래밍하는 방법까지 알아보겠습니다.

1. 가입하기

(1) ml4kids 계정만들기

[그림10] ml4kids 메인 창

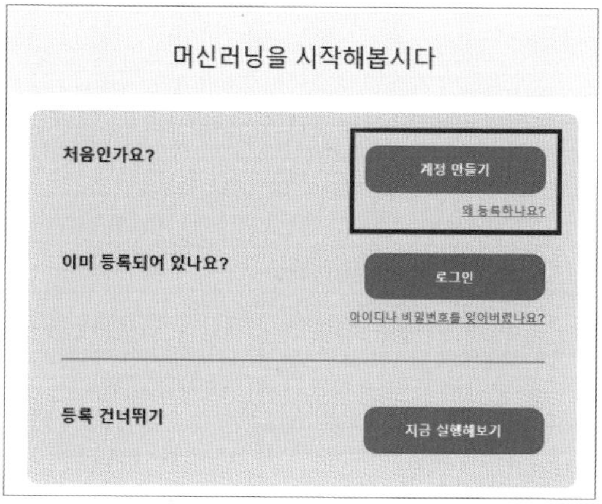

[그림11] ml4kids 계정만들기

[로그인]을 클릭하고 [계정 만들기]를 클릭해서 다음 페이지로 진입합니다. 아래에 있는 [지금 실행해보기]를 클릭해도 기본적인 기능은 사용할 수 있으나 모델을 하나밖에 만들 수 없습니다. 또 이미지를 이용한 학습을 하기 위해서도 계정을 만드는 작업은 꼭 필요합니다.

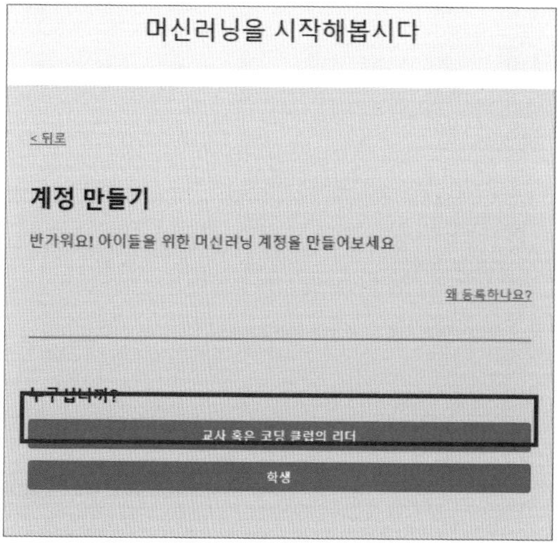

[그림12] 계정만들기1

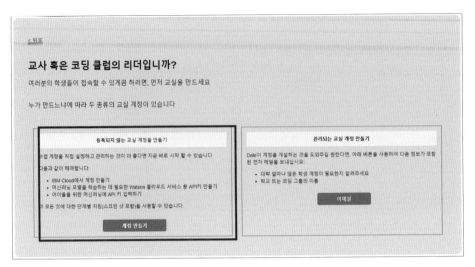

[그림13] 계정만들기 2

혹시 교사가 아니더라도 [교사 혹은 코딩 클럽의 리데를 선택해야 합니다. 그리고 "등록되지 않는 교실 계정을 만들기"에서 [계정 만들기]를 클릭합니다.

[그림14] 계정 생성 완료 완료

아이디와 이메일 주소를 입력하고 [CREATE CLASS ACCOUNT]를 클릭하면 계정이 만들어지고 임시비밀번호가 생성됩니다. 이제 가입시 입력한 이메일로 가보면 인증 메일이 와 있을 것입니다. 해당 메일을 열고 [VERIFY YOUR ACCOUNT]를 클릭하면 인증이 완료됩니다.

(2) 비밀번호 재설정하기

임시비밀번호는 무작위로 생성되기 때문에 기억하기가 어렵습니다. 그렇기 때문에 본인이 기억할 수 있는 비밀번호를 재설정하는 것이 좋습니다. 비밀번호 재설정을 위해서는 첫페이지에서 로그인 페이지로 들어가야 합니다.

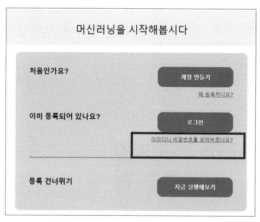

[그림15] 비밀번호 재설정

① [로그인] 아래에 있는 "아이디나 비밀번호를 잊어버렸나요"를 클릭합니다.

② 가입시 입력한 이메일 주소를 입력하고 [SEND EMAIL]을 클릭하면 비밀번호를 재설정할 수 있는 메일이 도착합니다.

메일에서 "clicking here"를 클릭하면 새로운 비밀번호를 입력하고 확인하는 절차를 거쳐서 새로운 비밀번호가 생성됩니다.

[그림16] 비밀번호 재설정 완료

(3) IBM 클라우드 계정 만들기

API를 얻어서 등록하는 과정이 다소 복잡해 보일 수 있으나 텍스트, 이미지 데이터를 이용한 학습모델을 만들기 위해서는 반드시 필요한 과정입니다.

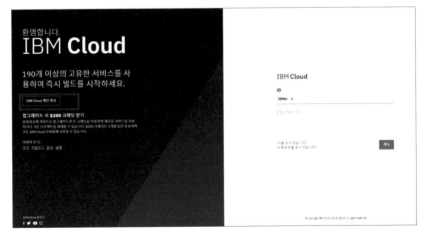

[그림17] IBMCloud 계정 생성

먼저, https://cloud.imb.com으로 이동하여 왼쪽에 [IBMCloud 계정 생성]을 클릭합니다. 이메일, 이름, 성, 국가, 비밀번호를 입력하고 [계정생성]을 클릭합니다. 입력한 이메일로 이동하면 인증메일을 확인할 수 있습니다. [Confirm account]를 클릭하면 계정이 활성화됩니다. 이제 제일 중요한 API 키를 얻어서 등록하는 과정이 필요합니다. API 키는 말 그대로 IBM 인공지능 서비스를 사용할 수 있게 만들어 주는 열쇠와도 같습니다.

[그림18] IBM Cloud의 대시보드

로그인을 하면 대시보드로 이동합니다. 대시보드 상단에 있는 "카탈로그"를 클릭합니다.

[그림19] IBM Cloud에서의 카달로그 입력창

카탈로그는 IBM 클라우드에서 제공하는 여러 서비스를 나열해 놓은 곳입니다. 우리는 두 가지 서비스를 사용할 건데 먼저 "Watson Assistant"를 선택합니다.

[그림20] IBM Cloud에서 서비스 설정

가격정책 페이지로 넘어가는데 우리는 무료로 제공되는 Lite플랜을 선택하겠습니다.

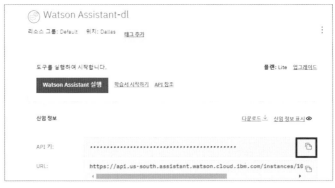

[그림21] IBM Cloud의 API 키 생성

API키를 복사해서 메모장 같은 곳에 붙여 넣기해 둡니다. 이 서비스는 텍스트 인식을 위해
서 사용됩니다.

[그림22] IBM Cloud에서 서비스 설정

이미지 인식서비스를 이용하기 위해서 다시 카탈로그로 이동하여 "Visual Recognition" 서비스를 선택합니다.

[그림23] API 키 인증하기

이미지 인식의 경우 API 키를 받는 방식이 조금 다릅니다. 인증 정보보기를 클릭합니다. 그리고 아래에 제시되는 글에서 킷값을 찾아서 복사한 후 메모장에 붙여넣습니다.

[그림24] 관리페이지로 이동

이제 ml4kids로 이동해서 API를 등록하겠습니다. [관리페이지로 이동]을 클릭합니다.

[그림25] Watson API Keys 선택화면

붉은 색으로 표시되는 부분에 [Watson API Keys]를 클릭합니다.

[그림26] Watson API Keys 인증 추가

메모장에 복사해 놓은 각각의 API 키를 해당되는 곳에 붙여넣어 등록합니다. 인증절차가 완료되면 아래와 같이 텍스트와 이미지를 이용할 수 있게 됩니다.

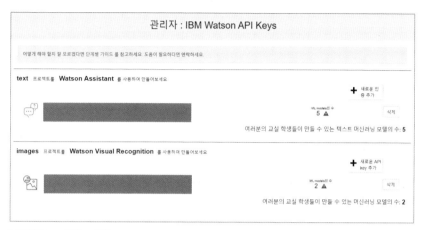

[그림27] Watson API Keys 완료

2. 책 추천 인공지능 만들기

서점에 가서 읽고 싶은 책을 고를 때 제일 먼저 보는 것은 아마도 책의 제목일 것입니다. 컴퓨터에게 책 제목만 학습시켜서 책 제목으로 장르를 구분해서 추천해 주는 프로그램을 만들어 봅시다.

(1) 인공지능 모델 만들기

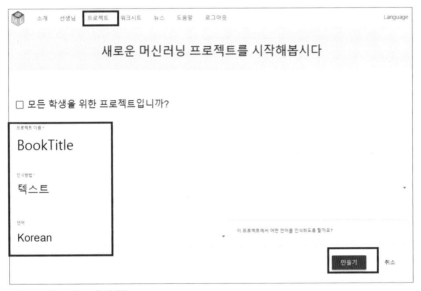

[그림28] 인공지능 모델 프로젝트명 설정

"프로젝트"를 클릭한 다음 [프로젝트 추가]를 클릭합니다. 이제 프로젝트에 대한 정보를 입력해야 하는데 "프로젝트 이름"은 영어로 입력합니다. "인식방법"은 텍스트를 선택해줍니다. "언어"는 여러 가지 선택지 중에 Korean을 선택합니다.

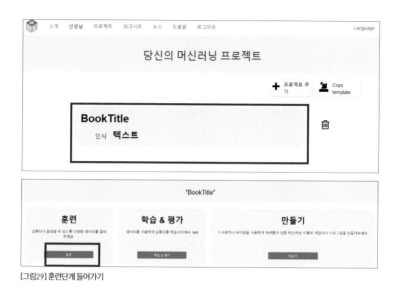

[그림29] 훈련단계 들어가기

프로젝트 이름을 클릭하고 학습시킬 데이터를 입력하기 위해 [훈련] 단계로 들어갑니다.

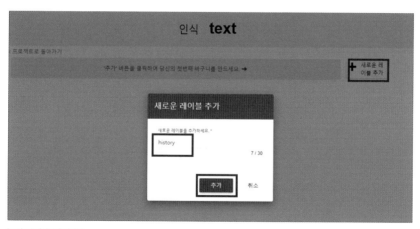

[그림30] 레이블 추가하기

[새로운 레이블 추가]를 클릭하고 구별하고 싶은 장르의 이름을 입력합니다. 이번 프로젝트는 "history"와 "computer"로 이름을 입력 했습니다.

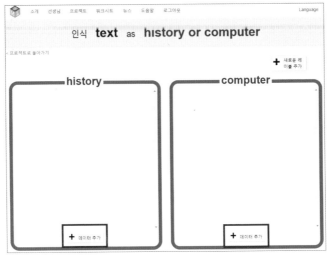

[그림31] 데이터 추가하기

각 레이블에 [데이터 추가] 버튼을 클릭해서 레이블에 해당되는 책 제목을 입력합니다. 도서관이나 서점 홈페이지에서 책 제목을 검색하면 많은 양의 데이터를 구할 수 있습니다.

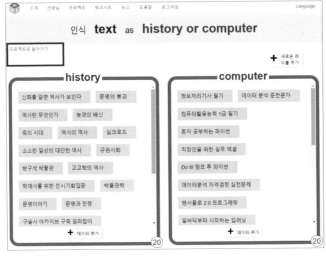

[그림32] 레이블과 데이터

데이터를 충분히 입력했으면 프로젝트로 돌아가기를 클릭합니다. 그리고 [학습&평가]로 들어갑니다.

[그림33] 모델 훈련시키기

[새로운 머신 러닝 모델을 훈련시켜보세요.]를 클릭하고 기다리면 수분 후 새로운 모델이 만들어지고 데이터를 입력해서 평가해 볼 수 있습니다.

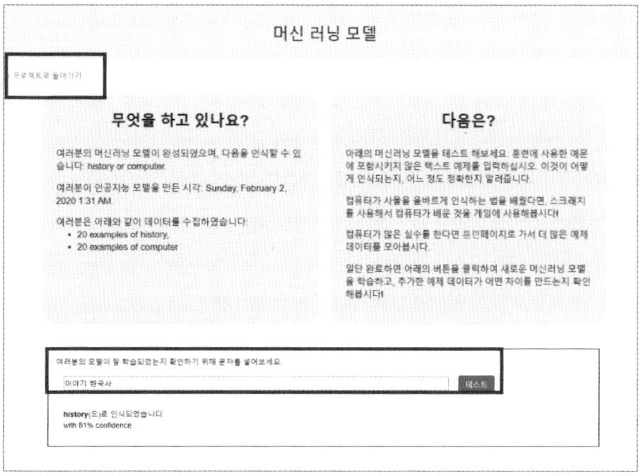

[그림34] 모델평가하기

책 제목을 입력해서 인식 결과가 제대로 나온다면 "프로젝트로 돌아가기"를 클릭해서 |만들기로 들어갑니다.

[그림35] 스크래치3 열기

스크래치3을 선택하고 [스크래치3 열기]를 클릭하면 우리가 만든 블록이 적용돼있는 스크래치가3가 실행됩니다.

(2) 프로그램 만들기

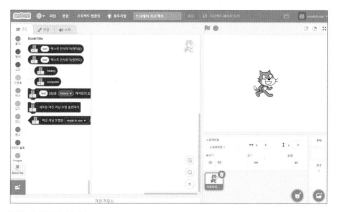

[그림36] 인공지능 블록들

① 책 제목 입력창 만들기

[감지] 카테고리에서 "What's your name? 라고 묻고 기다리기" 블록을 가져와서 다음과 같이 바꾸어 줍니다.

② 책 제목의 레이블 판단하기

[감지] 카테고리에서 "대답" 블록을 가지고 와서 [BookTitle]카테고리에 있는 "대답 텍스트 인식하기(레이블)"블록에 넣어줍니다.

③ 레이블에 따라 다른 말 출력하기

[연산] 카테고리에서 비교연산자를 가지고 와서 레이블이 "history"인지 "computer"인지 확인하도록 만들어 줍니다. 그리고 그 결과에 따라 다음과 같이 출력하도록 [형태] 카테고리의 "몇 초 동안 말하기"블록을 사용합니다.

④ 프로그램 실행하기

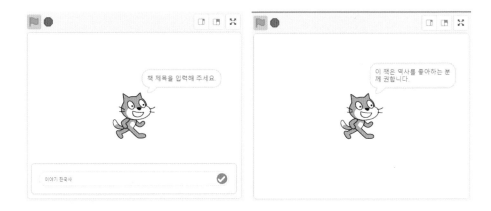

지도 학습의 종류와 핵심 키워드들

ml4kids를 통해 인공지능의 지도학습이 어떻게 진행되는지 살펴보았습니다. 지도학습은 supervised learning 이라 불리며 데이터와 정확한 정답(label)을 한 쌍으로 묶어 학습시키는 방법입니다. 이와 같은 지도학습 방식에는 두 가지 종류가 있는데 바로 '분류(classifiation)'와 '회귀(regression)'입니다. 분류는 ml4kids에서 본 사례와 같이 고양이와 개를 분류하거나 책 장르를 구분하는 문제들을 지도학습으로 해결하는 것입니다. 반면 회귀는 정확한 숫자 값을 예측하는 것입니다. 반면 학생이 공부한 시간, 푼 문제집 개수로 시험 점수를 예측하는 것이 회귀 문제이지요.

ml4kids에서 분류 문제를 해결할 때 어떤 데이터

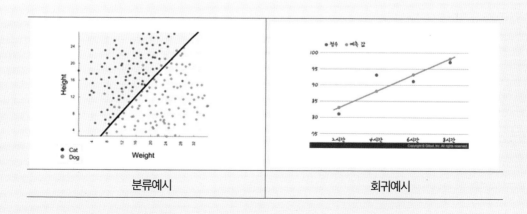

| 분류예시 | 회귀예시 |

를 학습할지 설정하고 바로 훈련을 시킨 뒤 결과를 확인했지만, 실제 python으로 지도학습 알고리슴을 코딩할 때는 학습과정을 보다 정교하게 조정할 수 있습니다.

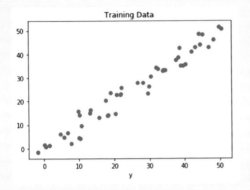

python으로 분류 알고리즘을 설계할 때는 처음부터 인공지능에게 몇 번 반복해서 학습 할지를 지정할 수 있습니다. 이를 epoch이라고 합니다. epoch을 10으로 지정한다면 10번 반복해 학습을 진행 하게 됩니다.

또 한 번 학습 할 때 마다 몇 개의 데이터를 사용할 건지 설정할 수 있는데 이를 batch size 라고 합니다. 쉽게 설명해서 몇 개의 문제를 풀고 정답을 확인하게 할 건지를 설정해 주는 것이죠.

인공지능은 한 epoch 마다 batch size만큼의 데이터를 학습한 뒤 학습을 통해 예측한 값과 해당 데이터의 정답(label)을 비교합니다. 마치 우리가 스스로 문세집의 문제를 풀고 정답을 확인하듯이 말이죠. 처음 학습을 시작할 때는 실제 정답과 예측한 값의 차이가 클 것입니다. 여기서 발생하는 차를 손실(loss)값이라 부르며 이 loss를 줄여 나가는 것이 지도 학습의 최종 목표입니다. loss 값이 점차 줄게 되면 분류는 높은 성능을 보이게 되죠

인공지능 지도학습은 학생들이 문제지를 풀면서 개념을 학습해 나가는 과정과 아주 유사합니다. 인공지능도 문제를 반복적으로 풀고 정답과 비교하며 문제의 특징을 파악한 뒤 정답률을 높이는 것이지요. 그리고 학생이 많은 문제를 풀면, 실력이 높아지듯 인공지능 또한 많은 데이터와 정답을 학습하면 성능이 높아지는 것입니다.

PART 11

나만의 인공지능
수학 선생님
콴다(qanda)

학교에서 배우는 여러 과목 중 가장 어렵다고 느끼는 과목이 무엇이냐고 질문한다면, 대부분 수학 교과를 선택할 것입니다. 수학을 잘하기 위한 전략이 무엇일까 생각해본다면 이 한 마디를 떠올리게 됩니다. '기초부터 탄탄히'. 단계적으로 확장되어 가는 수학 교육 과정의 특성상 어느 한 부분을 소홀히 하고 넘어가게 되면 그 상위 단계에서 학습을 할 때 더욱 어려움을 겪게 됩니다. 이 과정이 반복되다가 결국 흔히 말하는 '수포자'의 길을 걷게 되는 경우가 많습니다.

내가 모르는 개념, 해답을 봐도 잘 이해가 안되는 어려운 문제를 시간과 장소의 제약 없이 질문하고 해답을 요청할 수 있는 선생님이 있다면 어떨까요? 수학공부가 좀 더 수월해지지 않을까요? 이러한 요구에서 출발하여 개발된 인공지능 수학 앱 '콴다'는 누구나 손쉽게 접근하여 내가 알고 싶은 수학 개념과 문제를 해결할 수 있는 나만의 수학 선생님이 될 수 있습니다. 누구에게나 평등한 교육의 기회를 제공하는 것을 가능하게 해주는 인공지능 앱. 지금 함께 경험해 봅시다.

이럴 때 활용해요	·다양한 수식 계산 ·수학 문제 해설 ·나만의 오답 노트 만들기

CHAPTER **01**

콴다(qanda) 살펴보기

1. 콴다(qanda) 기능 탐색하기

(1) 콴다(qanda) 설치하기[1]

[그림1] 콴다 홈페이지 https://qanda.ai/

실시간으로 내가 모르는 수학 문제의 풀이를 도와주는 선생님이 있으면 얼마나 좋을까요?
시간, 공간의 제약 없이, 비용의 부담 없이 수학 공부를 도와주는 선생님이 되어 주는 교육용

---

1) 본문의 이미지는 모두 Mathpresso의 콴다(qanda) 애플리케이션에서 직접 인출

애플리케이션이 있습니다. Mathpresso[2] 에서 개발한 교육 애플리케이션 '콴다'는 질문과 대답을 뜻하는 Q&A를 그대로 풀어 쓴 것입니다. 풍부한 데이터와 인공지능 기술을 기반으로 마음껏 질문하고 대답을 얻을 수 있는 콴다 애플리케이션의 활용법을 알아보고 수학 공부에 직접 활용해 봅시다.

[그림2] 콴다 설치 화면
https://play.google.com/store/apps/de-tails?id=com.mathpresso.qanda

[그림3] 콴다 애플리케이션 시작 화면

콴다 앱을 사용하기 위해 App Store나 Play Store에서 '콴다'로 검색하여 애플리케이션을 다운로드 후 설치해 줍니다. 구글계정, 카카오톡, 페이스북, 네이버 아이디나 그 외의 이메일 계정으로 가입할 수 있습니다.

2) https://www.mathpresso.com/ https://qanda.ai/ 또는 https://medium.com/qandastudy

(2) 콴다(qanda) 시작하기

[그림4] 콴다 애플리케이션 기본 기능

[그림5] 사용자 초기 설정

    계정을 선택하여 가입하면 콴다에서 가장 기본적으로 사용하는 문제 검색 기능 튜토리얼 화면이 등장합니다. 애플리케이션이 사용자의 스마트폰의 사진 및 동영상 촬영 기능을 사용할 수 있도록 권한을 허용해 줍니다.

    처음 콴다에 가입하여 사용하는 사용자에게는 해당 학교급과 학년을 선택할 수 있는 화면이 이어서 나타납니다. 학교와 학년을 선택하면 콴다의 데이터 가운데 관련 학년 수준에 맞는 풀이와 컨텐츠를 우선적으로 제공받을 수 있습니다.

CHAPTER 02

콴다(qanda) 활용하기

1. 수식 계산

[그림6] 콴다 메인 화면 하단에 위치한 수식 계산기

[그림7] 콴다 수식 계산 기능

　수식 계산은 수학 학습에서 큰 부분을 차지합니다. 콴다에서도 수식 계산 기능을 제공합니다. 수식 계산을 위해서는 두 가지 방법을 사용할 수 있습니다. 첫 번째는 수식 계산기에 수식을 직접 입력하는 방법이고 두 번째는 카메라로 수식을 촬영하는 방법입니다.

(1) 수식 계산기 활용하기

[그림8] 수식 계산기 자판

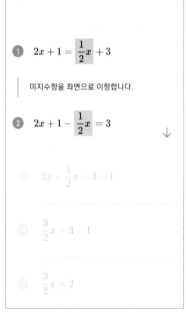

[그림9] 수식 계산 화면 1

콴다 메인 화면에서 수식 계산기를 선택하면 [그림 8]과 같이 수식 계산기 자판이 나타납
니다. 여러 가지 수학 기호들이 포함되어 있어 다양한 수식 계산이 가능하며 수식을 입력하
고 주황색 버튼을 클릭하면 계산 과정을 확인할 수 있습니다. 각 단계별로 계산 과정과 함께
간략한 설명이 첨부되어 있어 이전 단계에서 다음 단계로 어떻게 식이 정리되어 가는지 쉽게
알 수 있습니다.

(2) 카메라로 수식 촬영하기

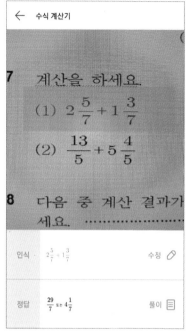

[그림10] 수식 계산기 사진 인식

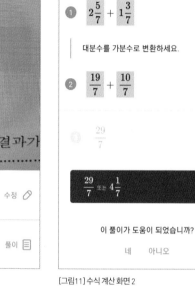

[그림11] 수식 계산 화면 2

칸다 메인 화면에서 카메라를 클릭하고 하단의 수식 계산 기능을 선택한 뒤 문제를 촬영하면 [그림 10]과 같이 원하는 수식이 선택 영역 안에 정확히 들어오도록 설정할 수 있습니다. 선택된 영역 안에 있는 수식을 칸다가 OCR기능으로 스캔한 뒤 정답을 알려줍니다. 정답 오른쪽에 위치한 풀이 그림을 선택하면 [그림 11]과 같이 상세한 풀이 과정을 확인할 수 있습니다.

2. 개념 검색

[그림12] 콴다 개념 검색 버튼

[그림13] 개념 검색 화면

콴다에서는 개념 검색 기능을 이용해 잘 모르거나 이해하기 어려웠던 수학 개념에 대해 다시 공부할 수 있습니다. 검색창에 원하는 개념 용어를 입력하면 하단의 '개념 바로가기'에 내가 입력한 용어를 포함한 결과가 노출됩니다. 예를 들어 [그림 13]과 같이 검색창에 '약수와 배수'라는 용어를 입력하면 '개념 바로가기'에 이 용어를 포함한 검색 결과가 나타납니다.

[그림14] 개념 검색 결과 화면1

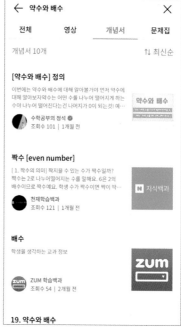

[그림15] 개념 검색 결과 화면2

　이 중 '약수와 배수'를 선택하면 [그림 14와] 같이 '약수와 배수'에 대한 개념을 학습할 수 있는 화면이 나타납니다. 개념서를 선택하여 관련 개념을 공부할 수도 있고 영상으로도 학습할 수 있습니다.

3. 문제집 기능 활용하기

(1) 학습하기

[그림16] 메인 화면 하단의 문제집 버튼을 선택 시 나타나는 화면   [그림17] 학습하기 버튼을 선택했을 때 문제가 제공되는 화면

콴다에서 자체적으로 제공하는 문제를 풀어볼 수도 있습니다. 콴다의 메인 화면 하단의 문제집 버튼을 선택하고 상단의 '학습하기' 버튼을 선택하면 [그림 17]과 같이 콴다에서 제공하는 문제를 풀고 정답과 풀이를 확인할 수 있습니다. 문제는 중학교 수준 이상의 문제가 출제되며 정답을 확인한 뒤 오른쪽 하단의 '다음 문제' 버튼을 선택하여 계속하여 문제를 풀 수 있습니다. 문제를 풀어서 정답을 맞히게 되면 한 문제에 250코인, 하루에 총 500코인까지 모을 수 있는데 이렇게 모은 코인은 뒤에서 소개될 질문 모드에서 사용할 수 있습니다.

(2) 트랙 활용하기

[그림18] 문제집 화면 상단의 트랙을 선택한 화면

[그림19] 트랙의 인기 차트

　　문제집 기능 상단의 '트랙' 버튼을 선택하면 [그림 18]과 같은 화면이 나타납니다. 내가 원하는 종류의 문제를 모아 나만의 트랙을 만들 수도 있고 아래로 스크롤 하여 [그림 19와] 같이 인기 차트에 올라온 다양한 트랙을 활용할 수도 있습니다. 원하는 트랙을 선택하면 트랙에 분류된 비슷한 유형의 문제들을 풀어볼 수 있습니다.

(3) 내 기록 활용하기

[그림20] 문제집 화면 상단의 내 기록을 선택한 화면   [그림21] 내 기록의 활용 가능한 기능 목록

문제집 기능을 활용하여 그동안 여러 문제들을 풀어왔다면 '내 기록' 기능을 통해 내가 풀었던 문제를 확인할 수 있습니다. 학습하기로 풀었던 문제와 트랙에서 풀었던 문제들이 모두 종류별로 분류되어 있습니다. 특히 틀렸던 문제들은 따로 오답 문제 리스트로 분류되어 자주 틀리거나 오개념을 갖고 있는 유형의 문제들을 집중적으로 공부할 수 있는 장점이 있습니다.

4. 문제 검색 기능 활용하기

콴다의 문제 검색 기능은 콴다의 데이터 베이스를 이용하여 이미 다른 사용자가 풀이 해설을 받은 결과나, 문제와 그에 관한 해답을 제공해 주는 기능입니다. 교과서나 시중에 나와 있는 많은 수학 문제집 속 문제가 등록되어 있기 때문에 콴다 선생님께 질문하기 전 이 기능을 활용하여 대부분의 수학 문제에 대한 풀이를 얻을 수 있습니다.

[그림22] 문제 촬영 후 편집 방법

[그림23] 문제 촬영 후 편집 화면

풀이 방법이 궁금한 문제를 카메라로 촬영하면 주변의 그림이나 글씨도 함께 사진에 나오게 됩니다. 문제를 촬영한 뒤 [그림 23]과 같이 파란색 모서리를 손으로 조절하여 풀이를 원하는 문제만 테두리 안에 들어올 수 있도록 범위를 설정합니다. 범위가 설정되었으면 오른쪽 하단에 있는 주황색 확인 버튼을 누릅니다.

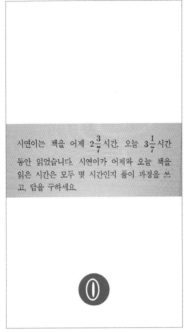

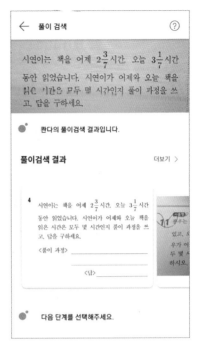

[그림24] OCR(광학문자인식)기술을 이용해 문제를 인식하는 모습

[그림25] 풀이검색 결과 화면

버튼을 누르면 [그림 24와] 같이 콴다가 설정된 범위 내의 이미지를 OCR(광학문자인식) 기술을 이용해 인식합니다. OCR은 대표적인 인공지능 기술 중 하나로 수학 문제 속 문자, 수식, 그림의 공간적인 구성을 파악하여 인식하기 때문에 인쇄 활자뿐만 아니라 서로 다른 필체로 기록한 문자나 수식도 인식이 가능합니다. 또한 낙서, 회전, 그림자 등 다양한 왜곡으로 인한 비정형적 데이터에서도 글자를 인식할 수 있습니다. 인식이 완료되면 여러 가지 풀이검색 결과가 나타나며 문제의 해설을 확인할 수 있습니다.

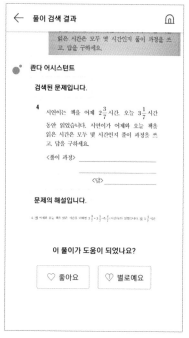

[그림26] 문제 해설 화면

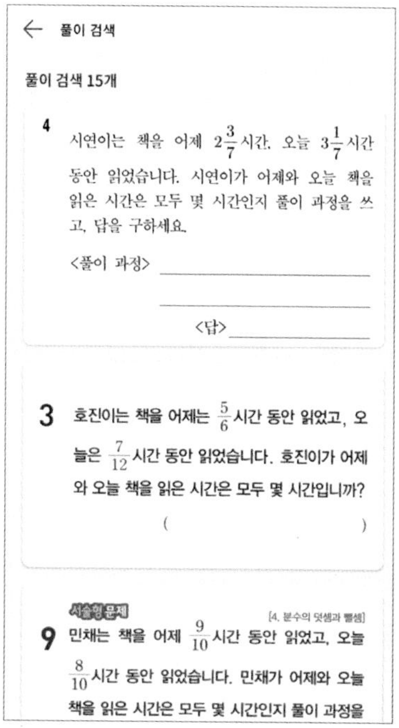

[그림27] 동일 유형 문제 제공 화면

풀이검색 결과 이미지를 오른쪽으로 스크롤 하면 [그림 27]과 같이 비슷한 유형의 문제와 해설도 확인할 수 있습니다. 하나의 문제를 검색하면 동일 유형의 여러 문제를 함께 학습할 수 있는 장점이 있습니다.

5. 질문 모드 활용하기

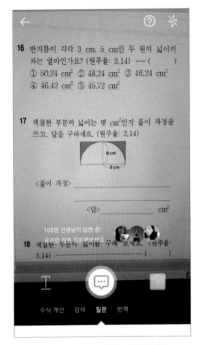

[그림28] 콴다 메인 화면의 카메라를 선택 한 뒤 질문 모 드가 활성화된 화면

[그림29] 질문 등록 화면

문제집 기능을 활용해 코인을 얻었다면 질문 모드를 활용할 수 있습니다. 콴다 메인 화면의 카메라 버튼을 선택한 뒤 오른쪽으로 스크롤 하여 질문 모드를 활성화 시킵니다. 그리고 원하는 문제를 촬영하여 수식 계산, 검색 기능을 사용할 때처럼 선택 영역 안에 문제가 들어 오도록 설정합니다. 이후에 [그림 29]과 같이 해당 문제의 학교급, 과목을 설정한 뒤 원하는 매칭을 선택하여 질문합니다. 질문을 올리면 10분 내외로 답변을 받을 수 있으며 빠른 매칭은 소요 시간은 덜 들지만 더 많은 코인이 소모됩니다.

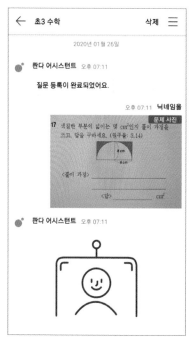

[그림30] 질문 등록이 완료된 화면

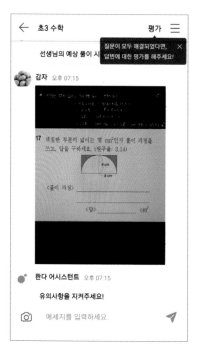

[그림31] 답변이 완료된 화면

　　질문 등록이 완료되면 [그림 30]과 같이 채팅창에 등록 완료 메시지와 함께 내가 등록한 문제 사진이 나타납니다. 일반 매칭의 경우 질문에 대한 답변을 해줄 선생님을 매칭하기 위해 약간의 시간이 소모됩니다. 매칭된 선생님이 답변을 등록하면 학생은 [그림 31]과 같이 문제에 대한 해설을 확인할 수 있습니다. 혹시 선생님의 문제해설을 보고 궁금한 점이 생기면 채팅창에 바로 질문하여 피드백을 받을 수 있습니다.

6. 콴다를 활용한 스스로 수학 공부

초등학교에서도 콴다는 여러 기기 방법으로 사용될 수 있습니다. 아침 활동 시간에 수학 연산 문제 풀기를 하고 스스로 정답과 풀이를 확인하고 싶을 때, 수학 시험을 본 뒤 오답 노트 정리를 위해 정확한 풀이가 필요할 때, 수학 익힘책이나 숙제의 정확한 풀이 방법을 알고 싶을 때 등 다양한 상황에서 활용이 가능합니다.

다만, 콴다의 풀이 과정이 교육과정의 세부 단계까지 적용하여 제공되는 것은 아니기 때문에 사용 전 학생들의 교육과정에 따라 적용에 적절한 지도가 필요합니다. 예를 들어 초등학교 수학 교육과정에서는 약분의 개념이 5학년부터 도입되기 때문에 4학년의 경우 분수의 덧셈이나 뺄셈 연산을 할 때 결과 값을 약분하지 않고 그대로 둡니다. 하지만 분수의 덧셈 연산을 콴다의 수식 계산기로 촬영하면 결과 값을 약분하여 나타내 줍니다.

또한 수학 문제집 기능은 중학생부터 사용이 가능하기 때문에 초등학생의 경우 문제집을 풀어서 코인을 모으기는 어렵습니다. 하지만, 수식 계산기나 문제 검색 기능만으로도 학생들이 해설을 필요로 하는 대부분의 문제를 해결할 수 있기 때문에 적절하게 활용한다면 더없이 좋은 학생들의 개인 지도 선생님이 되어 줄 수 있을 것입니다. 콴다를 사용하여 누구나 즐겁고 편리한 수학 공부를 해 봅시다.

OCR

앞서 소개한 콴다는 OCR 기술이 핵심입니다. 문제를 사진으로 찍어서 이미지를 업로드하면 OCR 기술을 사용해 숫자, 문자를 인식할 수 있습니다. OCR은 Optical Character Recognition의 약자로 사람이 직접 쓰거나 기계로 인쇄한 문자의 이미지를 인식하는 기술을 의미합니다. OCR 기술은 이미 현실에서 많이 활용되고 있습니다. 아파트 단지에서는 이미 자동차 번호판을 인식해 해당 단지 주민만 주차할 수 있는 시스템을 사용하고 있는데요, 이것이 대표적인 OCR 기술입니다. 자동차 번호판 인식은 야간에도 정확하게 이루어지고 인식 성능이 높습니다. 이렇게 좋은 성능은 편리성을 보장해주기 때문에 현재 거의 대부분의 주차장에서 번호판 인식을 위해 OCR 기술을 활용하고 있습니다.

[그림32] 차량번호 인식
https://www.youtube.com/watch?v=s30i5-U6B8k에서 인출

책의 페이지를 카메라로 찍으면 해당 이미지의 텍스트를 가져올 수 있는 vFlat 어플리케이션도 널리 사용되고 있으며 네이버, 카카오, 구글, 빅스비 비전 등에서 OCR 기능을 활용할 수 있는 API를 제공하고 있습니다.

OCR은 크게 두 가지 과정을 거쳐 이미지를 텍스트로 인식합니다. 이미지에서 글자를 탐지(Detection)하는 과정과 탐지한 글자를 인식(Recognition)하는 과정입니다. 최근에 글자 인식 성능이 향상된 것은 글자를 탐지하고 인식하는 과정에 딥러닝이 적용되고 있기 때문입니다. OCR을 학습시키기 위한 방법으로 Tesseract라는 대표적인 오픈 소스가 활용되고 있습니다. Tesseract-OCR을 활용하면 기존에 학습된 모델을 사용해 지속적으로 문자 인식을 할 수 있습니다.

또한 개발자가 원하는 과제에 맞춰 OCR은 추가적인 학습도 진행할 수 있습니다. 예를 들면 영어와 같은 대표적인 문자가 아닌 특수한 언어를 인식하고자 한다면 그 언어에 대한 학습 데이터를 구성한 후에 추가학습을 진행하면 됩니다. OCR이 딥러닝을 할수록 개발자가 원하는 글자를 더 잘 인식할 수 있습니다.

PART 12

Microsoft Office 속 쉬운 인공지능 활용하기

인공지능 기술은 이미 우리 생활에 빠르게 자리 잡고 있습니다. 자율주행 자동차나 인공지능 스피커 외에도 TV나 스마트폰과 같은 전자제품 속에도 인공지능 기술이 있으며 우리가 수시로 사용하는 SW 제품에도 마찬가지로 인공지능 기술이 빠르게 적용되고 있습니다.

워드, 엑셀, 파워포인트 등으로 대표되는 마이크로소프트 오피스는 전 세계적으로 1억 명 이상이 사용하고 있는 대중적인 서비스입니다. 기업에서뿐만 아니라 초등학생들도 발표 과제를 만들거나 자료를 정리하기 위해 파워포인트를 사용합니다.

워드, 엑셀, 파워포인트에 인공지능이 더해지면 어떨까요? 우리가 하는 작업을 좀 더 정확하고 편리하게, 아름답게 해 줄 것입니다. 어려운 수식을 외우거나 자격증을 취득할 필요도 없습니다. 아주 간단한 팁을 이용하여 이들 속에 숨어 있는 인공지능 서비스를 함께 사용해 보면 어떨까요?

이럴 때 활용해요.

-파워포인트로 전문가와 같이 멋지게 디자인된 프레젠테이션 자료를 만들고 싶을 때
-문서 내용의 맞춤법을 교정하고 손쉽게 번역하고 싶을 때
-데이터를 활용하여 추세를 예측하고, 데이터를 시각화하고 싶을 때
-간단히 마우스나 터치펜으로 그린 이미지를 정형화된 텍스트나 도형으로 변환하고 싶을 때

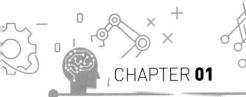

CHAPTER **01**

Microsoft Office 속
AI 탐색하기

Microsoft Office에는 시간을 절약하고 작업의 능률을 높이는 데 도움을 주는 AI 기술이 환경 전반에 보급되어 있습니다. 워드 작성부터 파워포인트 슬라이드 디자인, 엑셀의 데이터 자동 분석 등 보편적이고 대중적으로 사용할 수 있는 유용한 기술들입니다.

[그림2]
office365 교육센터

[그림1] Office 365 교육센터 https://support.office.com/office-training-center

Office 365 교육센터 웹페이지에 접속하면 새롭게 업데이트되는 기능들을 간단한 튜토리얼 영상과 함께 쉽게 배워서 사용할 수 있습니다.

다음에 소개되는 영상들을 참고하여 마이크로소프트 오피스 속 AI의 다양한 기능들과 활용 사례도 살펴볼 수 있습니다.

[그림3] https://www.youtube.com/ watch?v=rPVpjkU7TZw	[그림4] https://www.youtube.com/ watch?v=6DNef_iPjg4
마이크로소프트 오피스 앱 속 인공지능 (AI in Microsoft Office apps)	마이크로소프트 인스파이어 2019 '마이크로소프트 365' 속 인공지능 시범 (Demo: AI in Microsoft 365 at Microsoft Inspire 2019)

CHAPTER **02**

Microsoft Office 속
AI 활용하기

1. Power Point 속 인공지능[1]

(1) 리본 메뉴에 잉크 도구 추가하기

파워포인트 속에는 잉크 도구가 있습니다. 그림판에 원하는 그림이나 글자를 마우스를 사용하여 그리듯 잉크를 사용하여 자유롭게 원하는 것을 그릴 수 있는 도구로, 특히 태블릿이나 터치형 노트북 등 키보드보다 터치펜을 활용하는 것이 더 편리한 환경에서 유용하게 쓸 수 있습니다. 이렇게 잉크 도구를 사용해서 그리거나 쓴 것을 정형화된 텍스트나 수학식, 셰이프, 도형으로 바꿀 수 있는 기능이 있습니다.

만약, 사용하고 있는 파워포인트의 메뉴에 잉크 도구가 보이지 않는다면 리본 메뉴 사용자 지정에서 기능을 활성화시킬 수 있습니다. 리본 메뉴의 여백에 마우스 오른쪽 클릭을 합니다.

---

1) 그림5~20은 Microsoft사의 PowerPoint 프로그램을 직접 사용하며 인출

[그림5] 파워포인트 리본 메뉴 사용자 지정

리본 사용자 지정에서 모든 탭-잉크 도구-펜을 선택하여 펜 기능을 추가합니다.

[그림6] 파워포인트 펜 기능 추가

리본 메뉴에 펜 기능이 추가되었습니다.

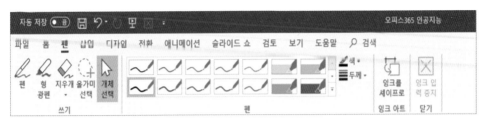

[그림7] 펜 메뉴

(2) 잉크를 텍스트로 변환하기

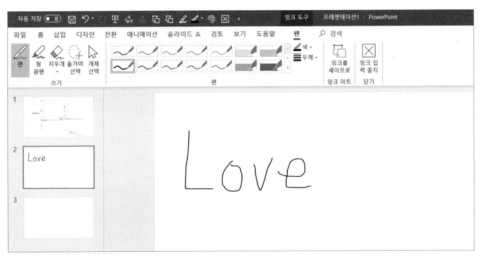

[그림8] 펜으로 글씨 쓰기

펜을 선택하여 Love라는 글씨를 써 보았습니다. 글씨를 다 쓰면 '잉크 입력 중지'를 누릅니다.

[그림9] 잉크 변환 아이콘

글씨를 마우스로 클릭하면 글씨가 테두리로 바뀌면서 잉크 변환 아이콘이 생깁니다.

[그림10] 잉크를 텍스트로 변환시키기

잉크 변환 아이콘을 클릭하면 인공지능이 제안하는 텍스트를 확인할 수 있습니다. 변환된 텍스트를 클릭하여 잉크를 텍스트와 도형으로 변환시킬 수 있습니다.

[그림11] 변환된 텍스트

    손으로 쓴 글씨가 텍스트로 바뀌었습니다. 텍스트 외에도 도형이나 수학식, 셰이프 등으로도 바꿀 수 있습니다.

(3) 잉크를 도형이나 셰이프로 변환하기

    잉크를 사용해서 하트 모양을 그리고 '잉크 입력 중지'를 눌러 하트 도형으로 변환할 수 있습니다.

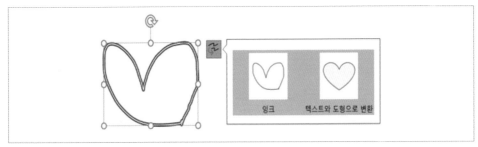

[그림12] 잉크를 도형으로 변환시키기

펜의 색과 종류를 달리하여 사용할 수도 있습니다. 펜의 색을 달리해서 나무 그림을 그려 보았습니다.

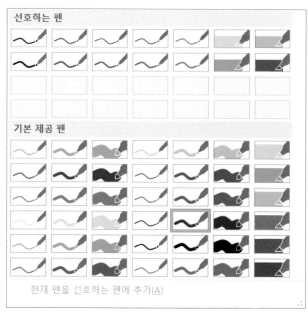

[그림13] 펜 종류 선택

[그림14] 잉크를 그림으로 변환시키기

아직 아주 복잡한 그림까지는 잘 변환시키지 못하지만 이렇게 간단한 클릭만으로도 잉그를 텍스트와 도형으로 변환할 수 있습니다. 파워포인트에 도형을 삽입할 때 원하는 것을 빠르게 찾기 힘들다면 잉크 기능을 사용하여 직접 그림을 그리고 변환하는 것도 좋은 방법이 될 수 있습니다.

(4) 파워포인트 디자인 아이디어 제안

효과적인 프리젠테이션을 위해서는 눈에 띄면서도 가독성이 뛰어나고, 디자인적으로 아름다운 자료를 만들어야 합니다. 하지만 텍스트와 이미지를 일일이 편집하여 조정하려면 많은 시간이 소요됩니다. 파워포인트에서는 인공지능 서비스가 사용자가 삽입한 이미지와 텍스트를 활용하여 디자인 아이디어를 제안해 줍니다. 인공지능이 제안해 주는 여러 가지 디자인 아이디어 중 원하는 것을 선택하면 마치 전문가가 만든 것처럼 멋진 디자인의 프리젠테이션 자료를 만들 수 있습니다.

단순히 이미지를 빈 슬라이드에 추가하기만 해도 인공지능이 자동으로 이를 인식하여 다양한 아이디어를 제안해 줍니다. 만약 디자인 아이디어 제안 기능이 중지되어 있다면 리본 메뉴의 디자인-디자인 아이디어를 클릭하여 기능을 다시 사용할 수 있습니다.

[그림15] 파워포인트 디자인 아이디어 메뉴

여러 장의 이미지와 텍스트를 추가한 경우에는 이미지를 다채롭게 배열해 주며, 텍스트 또한 크기와 위치를 조절하여 이미지에 어울리게 구성해 줍니다.

[그림16] 파워포인트 디자인 아이디어(이미지와 텍스트 추가)

[그림17] 제안된 디자인 아이디어를 선택한 모습

(5) 파워포인트 속 번역 기능

파워포인트를 사용하면서 별도로 번역 어플이나 사이트를 이용하지 않아도 바로 번역 기능을 활용할 수 있습니다.

[그림18] 검토 메뉴 중 번역 기능

텍스트 상자를 선택한 뒤 리본 메뉴 중 검토-번역 아이콘을 클릭하면 번역기가 활성화됩니다. 영어 외에도 다양한 국가의 언어를 선택할 수 있으며 번역된 영문의 단어에 마우스 커서를 대면 각 단어의 뜻도 함께 표시됩니다.

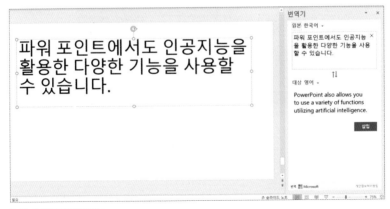

[그림19] 파워포인트 번역 기능1

번역된 내용 아래쪽의 '삽입'을 누르면 텍스트 상자 속 내용이 모두 영문으로 전환됩니다.

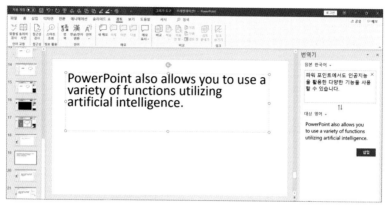

[그림20] 파워포인트 번역 기능2

2. Excel 속 인공지능[2]

마이크로소프트사에서 만든 스프레드 시트 프로그램인 엑셀은 자료 분석이나 통계 등에 활용할 수 있는 사무용 프로그램입니다. 다양한 함수를 사용하여 업무 처리를 쉽게 할 수 있도록 도와주며 간단한 통계학 계산도 가능합니다.

이러한 엑셀에도 인공지능이 활용되고 있습니다. 그 중 하나인 예측 시트 기능을 활용해 보겠습니다.

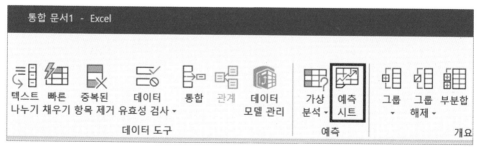

[그림21] 그림 엑셀-데이터-예측 시트

예측 시트를 사용하기 위해서는 2개 이상의 유효한 데이터 요소가 있어야 합니다. 환율을 예측해 보기 위해 2020년 1월의 날짜별 환율을 셀에 입력합니다.

[그림22] 데이터 요소 입력

데이터 요소가 입력된 셀을 드래그한 뒤 데이터 메뉴의 예측 시트 아이콘을 클릭하면 예측 워크시트 만들기 창이 뜹니다.

[그림23] 데이터 요소 선택

2) 그림21~26은 Microsoft사의 Excel 프로그램을 직접 사용하며 인출

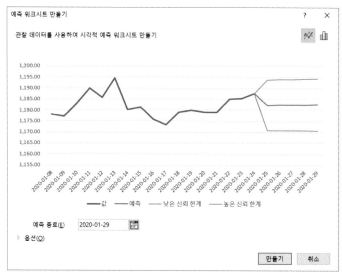

[그림24] 예측 워크시트 만들기

예측 종료일을 선택한 뒤 만들기 버튼을 누르면 인공지능이 예측한 날짜별 환율 그래프를
포함한 새로운 워크 시트가 생성됩니다.

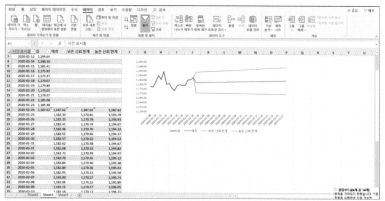

[그림25] 예측 워크 시트

시간 표시줄 ▾	값 ▾	예측 ▾	낮은 신뢰 한계 ▾	높은 신뢰 한계 ▾
17	2020-01-23	1,185.48			
18	2020-01-24	1,187.62	1,187.62	1,187.62	1,187.62
19	2020-01-25		1,182.30	1,170.81	1,193.78
20	2020-01-26		1,182.35	1,170.78	1,193.93
21	2020-01-27		1,182.41	1,170.74	1,194.07
22	2020-01-28		1,182.46	1,170.70	1,194.22
23	2020-01-29		1,182.51	1,170.66	1,194.37
24	2020-01-30		1,182.57	1,170.62	1,194.52
25	2020-01-31		1,182.62	1,170.58	1,194.67

[그림26] 환율 변동 예측값

이러한 예측 시트는 환율 외에도 주가지수, 금 시세, 금리 등 다양한 시장 지표를 예측하는 데에도 사용할 수 있습니다. 하지만, 이러한 결과 값도 데이터의 경향성을 분석한 하나의 참고자료이므로 현실에서는 인공지능이 예측한 대로만 변화하지는 않습니다. 셀 수 없이 많은 요소들이 이러한 지표들을 예상치 못하게 변동시키기도 하기 때문입니다.

그럼에도 불구하고 누구나 손쉽게 인공지능을 사용하여 변화의 흐름을 미리 예측하여 보는 것은 우리에게 좀 더 많은 기회를 제공해 줄 수 있을 것입니다.

3. Word 속 인공지능[2]

마이크로소프트사의 워드프로세서 프로그램은 전세계의 90%가 사용하는 매우 대중적인 문서 편집 프로그램입니다. 워드에도 우리가 쉽게 활용할 수 있는 인공지능 기술이 적용되어 있습니다.

(1) 번역 및 문법 검사

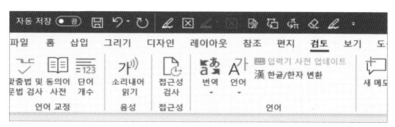

[그림27] 워드 검토 메뉴

워드 프로그램을 실행하여 검토 메뉴 탭을 클릭하면 다양한 인공지능 기능을 사용할 수 있습니다. 맞춤법 및 문법 검사를 해 주고 단어의 개수를 세어 주는 언어 교정 기능 및 문서를 소리 내어 읽어주는 음성 기능, 문서 속 언어를 번역해 주는 언어 기능 등이 있습니다.

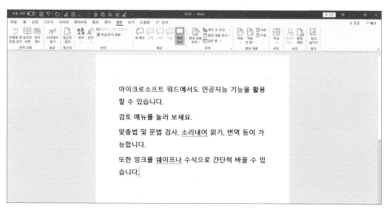

[그림28] 워드 번역 기능1

2) 그림27~36은 Microsoft사의 Excel 프로그램을 직접 사용하며 인출

문서를 작성한 뒤 '번역' 아이콘을 클릭합니다. 사용자가 원하는 대로 영역을 선택하여 번역하거나 클릭 한 번에 문서 내용 전체를 번역할 수도 있습니다.

[그림28] 워드 번역 기능2

인공지능은 문서 속 언어를 자동 감지하여 사용자가 원하는 언어로 번역해 줍니다. 번역 방법을 선택하면 번역이 완료된 문서가 별도의 창에서 열립니다. 아무리 많은 양의 문서라도 클릭 한 번에 모두 번역이 되는 것을 확인할 수 있습니다.

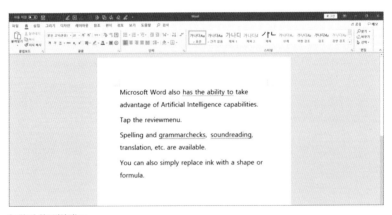

[그림29] 워드 번역 기능3

---

3) 그림27~36은 Microsoft사의 Excel 프로그램을 직접 사용하며 인출

번역된 문서의 맞춤법도 함께 검사할 수 있습니다. 번역된 문서창의 검토 탭에서 맞춤법 및 문법 검사를 클릭하면 인공지능 편집기가 맞춤법 검사를 한 뒤 알맞은 맞춤법을 제안해 줍니다.

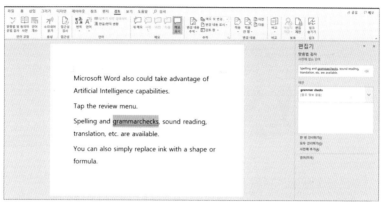

[그림30] 맞춤법 및 문법 검사

번역 기능만을 사용하면 띄어쓰기가 되어 있지 않거나 동음이의어를 잘못 번역하는 경우가 생길 수도 있지만, 번역 후 맞춤법 검사를 한 번 더 해 주면 문법적으로도 알맞은 번역 결과를 얻을 수 있습니다.

2017년 7월 국내에서 열린 전문 번역사와 인공지능의 번역 대결[3] 에서 인공지능은 정확도와 정교함 면에서 낮은 점수를 얻어 아직 사람을 따라잡기에는 역부족이라는 평가를 받았습니다. 하지만, 속도는 전문 번역사와 비교할 수 없을 정도로 빨랐습니다.

시간이 흐르며 놀라운 속도로 발전한 인공지능은 글의 맥락과 감수성까지 이해하는 수준에 이르렀습니다. 워드 속 인공지능 번역 기능을 다양한 분야에 활용한다면 언어의 장벽 없는 문서 교류가 가능해 질 것입니다.

3) YTN사이언스 '전문 번역사와 인공지능의 번역 대결, 결과는?'(2017.7.17.)
https://science.ytn.co.kr/hotclip/view.php?s_mcd=0082&key=201707171015413182

(2) 잉크 기능 활용하기

워드에도 파워포인트와 마찬가지로 잉크 기능이 있습니다. 같은 오피스 프로그램 중 하나
이므로 한 프로그램의 사용 방법을 익히면 다른 프로그램에서도 유사한 기능을 활용할 수 있
다는 장점이 있습니다.

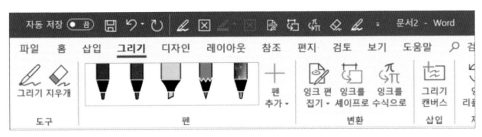

[그림31] 워드 프로그램 그리기 메뉴

워드 프로그램을 실행시키고 그리기 탭을 선택하면 다양한 펜을 사용하여 그림을 그릴 수
있습니다. 이렇게 그린 그림을 셰이프나 수식으로 간단히 변환시킬 수 있습니다.

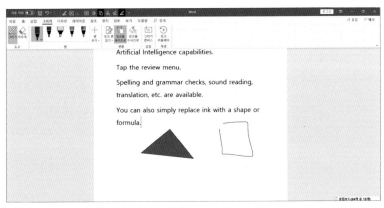

[그림32] 잉크를 셰이프로 변환하기1

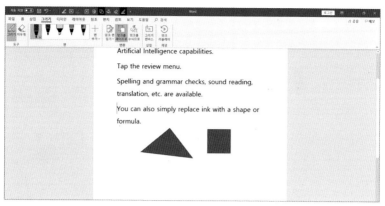

[그림33 잉크를 셰이프로 변환하기2]

'잉크를 셰이프로' 아이콘을 먼저 누른 뒤, 펜으로 사각형 모양을 그리면 문서에 마우스로 그린 울퉁불퉁한 사각형 대신 깔끔한 정사각형 도형이 자동으로 변환되어 나타납니다.

'잉크를 수식으로' 아이콘을 클릭하면 수학 식 입력 컨트롤 창이 나타납니다. 모눈 종이 모양의 창에 수학식을 입력하면 상단의 미리 보기 창으로 변환된 수식을 확인할 수 있습니다.

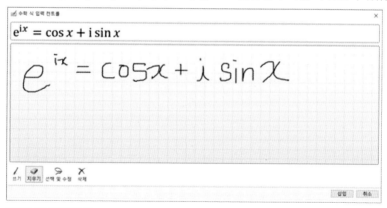

[그림34 수학 식 입력 컨트롤]

원하는 수식 입력을 마쳤으면 삽입 버튼을 눌러서 워드 문서에 포함된 수식을 확인할 수 있습니다.

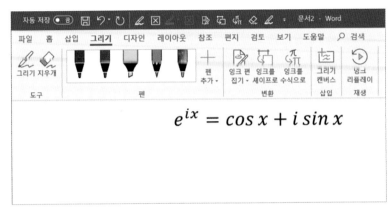

[그림35] 수식 입력 결과

다빈치 books
효과적인 학습 전략 수립을 도와주는 책들

4차 산업 수업 혁명: with STEAM 교육 & Maker 교육

최인수, 변문경, 박찬, 김병석, 박정민, 전수연, 전은경 공저 | 264쪽 | 25,000원

STEAM 융합 교육에서 SW 교육으로 더 나아가 만들기 활동으로 세상과
상호작용할 수 있는 메이커 교육이 확대되고 있습니다. 이렇게 교육 혁신이
가속화되는 이유는 4차 산업혁명으로 사회, 경제적 시스템이 변화하며 미래
인재상도 변화하기 때문입니다. 이러한 교육의 패러다임의 전환기에, 본 책은
인간 본연의 창의성을 강화하기 위한 메이커 교육의 역사와, 정신, 방향성을
제시하고 있습니다. 또한 이 책의 저자들은 코딩 교육, STEAM 융합 교육,
그리고 메이커 교육의 이상적인 통합 방법을 사례를 통해 보여줍니다.

코딩으로 제어하는 가상현실(VR) 프로젝트
: 코스페이시스(COSPACES) 활용 가상현실 제작 가이드 북

박찬, 김병석, 박정민 공저 | 184쪽 | 18,000원

가상현실 프로젝트를 제작을 위한 코스페이시스 활용 가이드북이다.
학교 코딩 수업에서 활용 가능한 예제와 실제 학생의 작품들을 QR 코드로
수록하였고, 흥미로운 수업 사례를 제공하여 현장 활용성을 높였다.

융합인재교육의 이론과 실제

데이비드 A. 소사 등 지음 | 320쪽 | 18,000원

학생들의 학습 능력과 창의성을 높이기 위해 STEM에 예술(Art) 활동을
통합하는 STEAM에 초점을 맞추어 융합인재교육의 이론과 실제를 소개한다.
교사들이 어떤 관점을 가지고 어떤 수업을 학생들에게 제공해야 하는지를
가이드한다.

명품컨설팅

이미경,변문경,기순신 공저 | 207쪽 | 33,000원

학생부종합전형으로 합격하기를 바라는 마음으로 쓴 학부모를 위한 책이다.
학부모들은 입시 제도를 깊이 있게 이해하고 입시전략이라는 큰 틀에서
아이의 모든 활동을 고1 때부터 장기적으로, 계획적으로, 자기주도적으로
준비하여야 한다. '학교나 학원에서 다 알아서 해주겠지'라는 막연한 기대부터
버리자. 아이들은 이름난 학원을 다니지 않았지만 교내에서 내실을 꼼꼼히
다지고, 입시를 앞두고 돋보였던 고수 엄마들의 입시 전략이 이 책에서
공개될 것이다.

memo

memo

memo